光緒餘姚縣志

6

紹興大典

史部

中華書局

餘姚縣志卷二十三

列傳十四

明

阮應辰字箕畢天啟二年武進士歷廣東道標中軍操捕都司浙江都使司漳南副總兵平賊有功晉總兵時梁山洞賊最劇應辰率守備何南璽勦之適漳汀營遊擊朱彩引兵至遂偕行戰於苦竹朱彩被創走應辰與南璽死之妻金氏先於七里灘殉節事具列女傳三祠傳輯

張廷賓字客卿少與兄廷宰砥礪問學天啟四年舉人爲鄞縣教諭識高宇泰李鄴嗣於諸生中崇禎十六年會試施邦曜方赴召北上招之同行邦曜將陛見廷賓進說曰

流賊滋蔓畿輔震驚而言事者修陳治道攻訐隱私何補於濟亂爲今之計宜去督師監視之名慎擇巡撫專任以討賊分據要害相機勦禦中樞勿擾其權何至疲於奔命救過之不暇哉今饑饉載道追逋者猶未已是驅使從賊也除額外之征下寬賦之詔以結人心目前要務莫急於此邦曜即疏言之報聞復借邦曜之官南都抵良鄉邦曜召還廷賓遂歸甲申之變國事大壞江南尚溺於承平廷賓獨慨然謂數十年來人心喪失遂爲世道之禍作復人心說一篇榜之明倫堂一時傳笑以爲迂已而其言大驗除望江知縣道梗不赴遭亂乃之雪竇爲僧案天童寺志廷賓釋名行恂號退安住妙高峰與周齊曾徬徨山澤閒東南高蹈之士多歸之

卒年八十八子烱曙能嗣父志不交當世士炳燭齋逸士傳參鄞縣志

徐重明字玄華號石隱族某値南糧解首侵糧事發將嫁禍重明父時重明年方十三即詣縣白狀令試以文奇之乃科解者如律父得免母性嚴臘月寒冱偶思魚徧索市中無所得俟至暮市一魚以歸一日母衣飾被竊重明令左右祕之如式新製以獻母爲解頤母稍不懌輒伏地捧杖以請色霽方解撫二弟極友愛嘗曰聖賢義理吾期有益身心若徒爲進取計即方駕王唐猶糟粕也崇禎十年與從弟進明以明經入貢託疾不赴孫景范自有傳康熙志參三祠傳輯

胡毓元字虞卿崇禎朝拔貢例得謁選慨然曰吾親老知

以志養不知以祿養也後親沒終制如禮感念不置遂終身不仕人稱胡孝子（三祠傳輯）

陸日焜字景陟諸生事母葉至孝精春秋學著有彙編行世（三祠傳輯）

徐錦徵字符一幼失恃事繼母撫季弟備篤孝友人以閔子目之析爨時貲悉歸弟晚居南城鄰兩患火人見所居有神護之得無恙（乾隆志　叢談）

鄭光昌字旦升十歲能屬文嗜濂洛關閩之學崇禎二年進士起家兗州推官出寃獄二百餘逐墨吏三十餘人歲覈所轄錢穀屬吏例張饌陳幣下至輿人騶從有差光昌曰此獨非百姓脂膏耶悉謝絕在兗兩攝府篆吳橋之變

力主勦議總督朱某檄同勦督餉文移咸出其手卒成平賊功歷知合淝金谿縣陞工部主事擢郎中復命典試雲南以足疾辭歸卒年七十三三祠傳輯

于重華字素生治尚書有聲崇禎四年進士由禮部主事移刑部執法不阿江南有疑獄久未決重華奉命往理無冤歷員外郎中出知江西饒州察民痍傷首治梗法者稽天城壞無積貲自典鬻捐俸修之增高三尺又以廉銀積穀數千石爲城守計饒民以安以循良奏署九江道病卒初重華署清軍同知建義學於顏范二公祠側延師造士饒郡文學丕振又徵鄱陽縣糧不取絲毫耗費其卒也士民持服走送者千餘人祀名宦三祠傳輯

程法孔字魯一崇禎十五年舉人以名節高尚自矜雖窮愁不變乾隆府志

王貽杰字熊占年十四母病刲股療之崇禎十年武進士授江西都使司同知時無爲教倡亂巡撫解學龍檄勦之貽杰曰此可諭而解也在官以緝盜安民爲任四方多故而境內帖然擢掌本司印囘至鄱陽得疾卒諸臺賻之喪始得歸東山志

王業洵字士美案三祠傳輯作士英爲諸生有名劉宗周開講陶奭齡之徒欲搖其說左右師席者業洵與黃宗羲王毓蓍三人嘗刪傳習錄之失實者重梓以行以甲申前卒全祖望撰子劉子祠堂配享碑參三祠傳輯王業浩傳贊注

管宗聖字允中號霞標見曾孫也少有異稟錢德洪見而器之命侍講席繼從孫鑛學詩有聲諸生間嘗謂人心不正弊在學術不明欲上續良知一脈與沈國模史孝咸孝復相切劘以躬行實踐爲準遠近同志翕然從風崇禎四年劉宗周集證人社宗聖偕國模孝咸孝復與焉十年祁彪佳薦於朝徵辟不赴十二年與國模等立義學於半霖月必如期而集及卒劉宗周爲文弔之請祀鄉賢弟宗賢號月崖亦有懿行姚江志略參康熙府志乾隆志

王先鐸字季木號治劍運同守儉曾孫萬歷三十七年舉人授江西臨江府推官遷河南彰德府同知崇禎六年闖賊詭辭降監軍太監楊進朝信之方入奏會天寒河冰合

賊突從毛家寨策馬徑渡入河南遂連陷澠池伊陽盧氏河南巡撫元默集所屬知兵者拒之賊乃竄盧氏山中走內鄉先鐸守城禦賊戰死崇禎十六年七月一日也三祠傳輯

時有李大成者字華宇官肅州參將劉寇沒於陳沈譜

王先通字季貫號則陽守仁曾孫崇禎十三年襲封新建伯掌前軍都督事十七年三月流賊薄京師命守齊化門賊攻不能下會監視太監曹化淳已啟彰儀門入賊賊騎充滿街市先通知事不可爲猶巷戰手刃數人被執大罵賊怒割其舌猶含血噴賊賊剖其心殊之福王時祀旌忠祠子業泰業耀業泰字士和福王時襲封感泣請終喪報國許之明年留都危衰服赴難抵錢塘會　王師南下執

送營中授以爵泣曰世受國恩義不改節得死報君父於地下足矣遂死之（勝朝殉節諸臣錄參三祠傳輯）

姚成字孝威崇禎間由禮部儒生爲北城兵馬司副指揮城陷自縊妻袁偕十三歲幼子逢元殉之（別見列女傳）有老僕亦從死　國朝乾隆四十一年　賜祀忠義祠逢元祔（明史參勝朝殉節諸臣錄三祠傳輯）時有徐懷川者聞莊烈帝崩自縊死（徐譜）

陳闇字六儒（案乾隆府志闇作藺儒作如）居鄮山崇禎初由軍功歷官廣西中營守備土猺爲亂兵備道遇害巡撫知闇才委署道事令平賊兵力不支戰沒（三祠傳輯）

黃光志字渤海（案乾隆府志以字著光志作志先）從軍西興官至都督從黃蜚起義丙戌師潰先驅妻子入太湖服蟒玉自沈死（勝朝

殉節諸臣錄
參三祠傳輯

邵之詹字思遠崇禎六年舉人與孫嘉績舉事魯王至紹興授戶部主事時朱大典守金華王之仁方國安各以兵至西興為重鎭嘉績及熊汝霖章正宸鄭遵謙錢肅樂沈宸荃各召募市井為鄉兵陳潛夫于穎所部為客兵俱取餉於戶部之詹請畫地分餉金華給大典台州給國安寧波給之仁紹興正賦則以給鄉兵及客兵之任戰者而悉由戶部筦其出納廷臣不可議以鎭兵食正餉鄉兵食義餉之詹言義餉者無名之稅徵之民間富室諸臣慷慨舉事必不虐及鄉里且近日海寧富陽諸戰皆鄉兵爭先而鎭兵僅遙為聲援列坐江口飽食而嬉豈不內愧夫

鄉兵單弱固知非鎭兵不足以挪立行營然列營將帥果能協志前行則目前尚可設想若遷延觀望計較軍資民心潰散餉無從徵將不知所歸宿矣不報擢戶科給事中內臣客鳳儀李國輔兼制軍餉之詹力言其非制方國安并奪義餉之詹復言於張國維請加約束未幾事敗歸四明嘔血死四明者舊錄

熊汝霖字雨殷崇禎四年進士授同安知縣黃宗羲撰行狀汝霖初知同安縣爲政不避强禦紅毛入寇汝霖渡海敗之於廈門擢戶科給事中行狀辛巳江南荒疫人死且半米價四兩有餘轉運不至命給事中七人催督漕糧汝霖當上江邊練正耗二百四十一萬石如期而集民不病疏陳用將之失自偏裨至副將歷任有功方可授節鉞今足未履行陣幕府已上首功胥吏提虎旅挑袴子握兵

符何由奮敵愾若大將之選宜召副將有功者時賜面對擇才者用之廷臣推擇有誤宜用文吏保舉連坐法帝納其言已言楊嗣昌未罪盧象昇未褒殊挫忠義氣至爲嗣昌畫策練餉驅中原萬姓爲盜者原任給事中沈迅也爲嗣昌運籌以三千人駐襄陽城破輒走者監紀主事俞嶜也爲嗣昌援引遭襄藩之陷重賂陳新甲嫁禍鄖撫袁繼咸者今解任候代之宋一鶴也皆誤國之臣宜罪不報京師戒嚴汝霖分守東直門嘗召對言將不任戰敵南北往返謹隨其後如廝隸之於貴官負弩前驅望塵靡及何名爲將何名爲督師帝深然之已言有司察處者不得濫舉邊才監司察處者不得遽躐巡撫庶封疆重任不爲匪人

借途又言自戒嚴以來臣疏凡二十上援剿機宜百不行一而所揣敵情不幸言中矣比者外縣難民紛紛入都皆云避兵不云避敵霸州之破敵猶不多殺掠官軍繼至始無孑遺朝廷歲費數百萬金錢以養兵豈欲毒我赤子帝惡其中有飲泣地下語謫爲福建按察司照磨福王立召還上疏言臣自丹陽來知浙兵爲邊兵所擊火民居十餘里邊帥有言四鎮以殺掠獲封爵我何憚不爲臣意四鎮必發然北行一雪此恥今戀戀淮揚何也況一鎮之餉多至六十萬勢必不能供即倣古藩鎮法亦當在大河以北開屯設府曾奧窔之内而遽以藩籬視之頃之言臣竊觀目前大勢無論恢復未能即偏安尚未可必宜日討究兵

餉戰守乃專在恩怨異同勳臣方鎮舌鋒筆鍔是逞近且以匿名帖逐舊臣以疏遠宗人劾宰輔中外紛紛謂將復廠衛夫廠衛樹威牟利小民雞犬無寧日先帝止此一節未免府怨前事不遠後事之師且先帝篤念宗藩而聞寇先逃誰死社稷先帝隆重武臣而叛降跋扈肩背相踵先帝委任勳臣而京營銳卒徒爲寇藉先帝倚任內臣而開門延敵衆口喧傳先帝不次擢用文臣而邊才督撫誰爲捍禦超遷宰執羅拜賊庭知前日之所以失即知今日之所以得及今不爲將待何時疏奏停俸尋補吏部右給事中初馬士英薦阮大鋮汝霖爭不可及大鋮起佐兵部汝霖又言大鋮以知兵用當置有用地不宜處中朝不聽踰

月以奉使陛辭言朝端議論日新宮府揣摩日熟自少宰樞貳悉廢廷推四品監司竟晉詹尹蹊徑疊出謠詠繁興一人未用便目滿朝爲黨人一官外遷輒詈當事爲可殺置國恤於罔聞逞私圖而得志黃白充庭金紫塞路六朝佳麗復見今時獨不思他日稅駕何地耶不報未幾南京破士英竄杭州汝霖責其棄主士英無以應杭州亦破與孫嘉績同起兵魯王監國擢右僉都御史督師防江戰屢敗入海寧募兵萬人進兵部右侍郎唐王立閩中遣劉中藻頒詔汝霖出檄嚴拒之進兵部尚書從魯王泛海明年以本官兼東閣大學士又明年春鄭彩憾汝霖遣兵潛害之幷其幼子海東逸史子琦甫六歲即彩壻彩賜撫而陰賊之投海中　國朝乾

隆四十一年　賜謚忠節　明史本傳參勝朝殉節諸臣錄東南紀事汝霖論廠衛告密之弊及阮大鋮不當用馬士英忌之歸里汝霖雅受知都御史劉宗周乙酉南都潰潞王監國杭州大兵且至宗周趣守道于穎城守紹興而寓書招汝霖餘姚未得相聞既而杭州降事益迫宗周復令諸生張應煒往說穎使聯絡汝霖計事穎疑未決汝霖報書先生誠用霖計立宗王之才者藉援未孩推轂方藩今閩兵數十艘見屯蛟川檄令移泊錢塘東岸敵必不敢問渡更泝徽寧遶左兵擣虛建業彼必退而內顧東西同膽恢復可圖宗周趣之日門下有意高皇一綫請郎入郡六月十九日通判張愫齎版諸生耆老奉牛酒渡江輸降　大清招撫使至汝霖謀爲邑人所覺避之山中閏六月八日戊子宗周不食卒其明日孫嘉績起兵餘姚又二日鄭遵謙起兵郡中斬愫及攝會稽令彭萬里汝霖募兵寧波來會嘉績合軍軍西陵初宗周臨終謂門人日我緩一死以兩殿諸君不忘明室故今已矣彌留猶取几上硯書一魯字汝霖叩靈號慟日先生有命霖何敢忘霖生於三事之以死比方國安王之仁等兵集遂共奉魯王以海監國從宗周志也汝霖已渡西陵札喬司進至海寧召父老諭以國亡君殉三百年澤不可負聞者感動拜轅門至萬人以邑進士俞之艮指揮姜國臣主海寧事忠義響應所在皆稱熊兵加兵部右侍郎兼

左副都御史總督義師七月八日海甯復陷之艮戰沒閲
月國臣復聚潰衆入守海甯前定番總兵汪碩德集兵萬
八月雙林請師期使移札塘棲八月五日遣副將趙清會義
興將鄭維翰赴黃天蕩繞敵背前鋒黃岳參將諸盧崇部
應斗四百八伏海塘監軍道孫嘉績北洋總兵張名振並
置伏兵斬首六十級維翰兵不進清被矢失亡十餘人十
六日還喬司汝霖營於中嘉績營於東錢肅樂營行於西遣
盧崇壽肖昌抵牛頭寨焚敵營百騎突出都司張龍戰
甚力騎東去岳應斗接戰北軍大至綴三將以數百騎趣
汝霖親兵胡壁發大礮斃七騎騎東衝孫營孫營礮炸遂
敗爭舟墮水汝霖馳刀砍之不能禁諸生趙之堅奮長刀
殺六人參將盧瑋新至亦奮擊敵辟易簇騎攢之與孫光
祖周宗鎬胡壁各被數十刀死汝霖大呼船兵再上矢及
身帳下強掖下小舟知咸死者數十人九月諸帥相見於
小亹議大舉期以九月會龍王堂風雨阻潮皆失期汝霖
獨帥所部至六和塔助王之仁戰於江大礮殺傷甚衆之
仁兵登岸焚寨執馘薄暮乃歸十二日再戰牛頭灣時軍
饟不繼人心離阻之仁營有逃者汝霖上言臣四月江舟方
風雨飢勞遂膺腹疾自小亹至西興延袤六十餘里彼
備舟喬司潛謀徑渡臣及嘉績標卒兩家不過千餘緩急
何以防禦之仁一腔肝膽心力相違宜溫旨諭留勉圖後
效朱大典部內火器最精原任總兵尉允昌文武兼才豈

合投閒諸暨敕郎統大典兵江上海寧新令已至宜令張
名振速渡以固浙東門戶名振違令竟歸石浦福州詔至
內外欲開讀汝霖泣阻不聽避之小壘魯王下令返台州
汝霖疏留以爲今日之事殿下宜力疾江干撒閩師刻期
來會使浙西克復仍藉廟謨唐王親來亦當心折若戀戀
宮眷遽返旌旄思爲退保之圖久成日壁之勢傳之海內
未爲克讓又臣標參將張行龍以臣令同籍臨平圖結義
兵夾攻內應其家丁陳義入杭偵聽聞已具舟旁結草人
思賺我火器而帘鹽義士沈察查繼美陳鳴時等同時具
來言起兵家難狀徐出啟疏以近日嘉湖鐵騎盡返武林
但得精兵數千直擣嘉興斷其往來餽道杭城自成坐困
勝於今日阻江索戰我客彼主勞逸相萬乞優遷窯等以
彰敫勸若王必欲東歸臣亦惟就海島死耳魯王手敕褒
美比之韓愈乃不果行十月汝霖移泊龍王堂又疏令日
會稽隙地竟作京雒規模諸臣之請膳未嘗末世之秕政
悉踵內員出司軍饟外戚入典禁兵驕卒鬨於街衢青衿
譁於殿陛行間文武動以朝政爲辭文其退縮惟殿下奮
然更始副遠近之望十五日汝霖揚帆渡江奪遵謙所失
大舟以歸十八日又進軍部將魏良黃麒吳彪先登北騎
六百伺南軍濟突擊良等且戰且退汝霖親督中軍乘小
舟對射騎死百餘諸生錢振宗死者亦十餘人汝霖麾下
多農并新募徒以忠義激厲在浙中凡一十載大小數十戰

累遇敗覆而志氣不隳雖方王驕將悍卒皆畏待如神明陳萬良沈羽簾結寨塘棲臨平間汝霖欲得其兵取北關遣張行龍招之萬良受書泣曰久望熊督師無途自達乃今江東亦將知有吾輩矣萬良西行復城邑　大兵斷其後不得出死於門中丙戌六月朔浙河新潰汝霖扈魯王沿海南次長垣時唐王已走死閩地內坿魯王以汝霖爲東閣大學士因鄭彩抵福州軍聲大振八閩皆詣汝霖請劄起兵先後得三府一州二十七縣戊子魯王在閩安鎮鄭彩專橫汝霖每折以禮定遠伯周瑞惡於彩汝霖票擬右瑞彩故忌人心歸汝霖因是積恨又與遵謙爭商舶恐其襲己會汝霖休沐瑯琦彩裨將以告彩曰熊鄭將爲難五月十七夜縛汝霖并幼子投海中越三日殺遵謙凡越中建義者皆盡於彩惟嘉績以丙戌六月死於舟山汝霖之死後嘉績蓋二年矣　案高承埏據何楷詩謂汝霖自縊野寺疑傳聞之誤

孫嘉績字碩膚如游孫崇禎十年進士授南京工部主事召改兵部　大兵薄都城按營不動衆莫測嘉績曰此待後至者即舉衆南下爾越三日蒙古兵數萬果從青山口

入郎日南下於是尙書楊嗣昌以嘉績知兵調爲職方員外郎進郎中中官高起潛譖之遂下獄已黃道周亦下獄嘉績躬親飲食湯藥力調護之因從受易會諸生涂仲吉疏救道周帝益怒移獄錦衣嚴訊諸生與道周往來者多詭詞自脫獨嘉績無所隱擬雜犯死罪繼擬煙瘴充軍皆不允保定總督張福臻陛見薦嘉績才請用爲參謀不聽徐石麒爲刑部尙書具爰書奏乃釋之福王時起九江兵備僉事未赴魯王監國紹興擢右僉都御史累遷東閣大學士王航海嘉績從至舟山其年遘疾卒明史孫如游傳參全祖望撰神道碑

東南紀事乙酉六月大淸檄下浙東寧紹望風迎坿閏六月己丑餘姚攝印官發閭左爲馳道抶役者役者反抶攝官衆譁不能定嘉績乘衆怒斬攝官邑紳邵秉節陳相才諸生呂章成沈之泰邵應斗率里中從者數千

人欲推嘉績爲盟主辭曰舉大事將須其人熊雨殷有執持識兵勢當其請其約束會汝霖募兵自寧波至邑人大安魯王監國進嘉績兵部侍郎兼右僉都御史總視義師轉戰喬司西興親受矢石號孫熊兵臨敵則汝霖當先嘉績繼之餉不給則毀家產佐軍每對賓佐泣曰身先人餘也義同國存亡惟懼事不集死無面目見君親耳聞者咸奮爭爲之死浙東本以嘉績汝霖首義營立行朝亡將潰兵因弛荷擔後來益衆客反居上方國安擁重兵孫熊屈意與同濟難國安逍遙殊無意一年中糜餉數百萬皆出郡民貧富交盡卒以是敗子延齡從嘉績至翁洲嘉績疽發於背疾篤命延齡曰倘聞王所在宜急從之語畢而卒年四十三王出師長垣延齡從以遺言奏贈太保賜祭九壇諡忠襄以延齡爲僉都御史奪情巡撫閩南王次健跳延齡進兵部侍郎中途遇　大兵家屬俱被執延齡獨奉其母及妹免王次翁洲進戶部尚書初嘉績應童子試其師夢嘉績簪花以第一出丁丑計偕縣令梁佳植夢亦如之嘉績亦頻夢與古之大魁者遊其後不驗迨延齡初葬嘉績蘆花嶴適在明初狀元張信墓南以爲異事後四十年延齡子訥渡海求
祖櫬歸改葬燭湖

陳孔言及族人毓則應大學士熊汝霖孫嘉績募卒勇士

百人分守龍王堂白洋等處　大兵南渡汝霖等從魯王航海孔言力拒江上死之毓則載屍浮江三日夜由朱橋范郵以歸毓則字光揚銅鞭猶存濟山志

鄭遵謙字履恭世居邑之臨山父之尹天啟五年進士山西提學僉事徙居會稽遵謙少爲諸生喜任俠不爲繩墨之士所禮京師破遂陰養健兒太監屈尚志逃至紹興執殺之曰吾聞之劉先生凡逃官皆可殺也乙酉南都破遵謙舉兵閏六月辛卯遵謙結郡少年誓於水神廟殺會稽令彭萬里權知府張愫郎曰檄守道于穎以五百人西扼錢江翼日孫嘉績使者亦至遂斷江流魯王授遵謙爲義興將軍合技勇出屯小亹八月諸營渡江遵謙戰甚力副

將鄭維翰抵太平門被礮死九月及熊汝霖王之仁期會龍王堂旦大風雨阻潮遵謙後期汝霖等獨戰於江中十四日陳潛夫張名振敗於觀音堂遵謙亦失利夜歸小亹冬魯王勞軍西興晉遵謙義興伯丙戌三月從王之仁戰江中得鐵甲八百五月江上兵潰　王師至紹興之尹縊死遵謙從魯王浮海至中左所晉封侯旋以爭商船與鄭彩交惡及彩殺熊汝霖遵謙怒見言色彩遣部將吳輝誘禽之跳海死弟遵儉後從魯王至舟山歷官通政使嘗作哭兄詩曰不死韓中刀强死海中濤縷縷數百言聞者哀之舟山破遵儉亦死乾隆四十一年　賜遵謙謚節愍勝朝殉節諸臣錄

妾金四姐別見列女傳

陳相才字期生崇禎十三年進士知同安縣時海禁疏有闕入一聽大帥相才募鄉勇自成一旅彈壓洋船不許登陸民得無事甲申盜賊乘機私相部署相才鎮以無事猝起滅之康熙志

王翊字完勳號篤庵世居慈谿翊始遷姚幼孤不喜理家事弟翃且耕且讀以助之補諸生好言兵畫江之役王正中以御史仍知餘姚縣集鄉兵從孫熊於江上上疏薦翊爲職方盡以軍事付之已而正中與黃宗羲連營將由龕山西渡而江上破宗羲引殘卒入四明思結寨自守居民交擊之寨不得立時翊方走海濱招兵謀與宗羲合　大兵購之急囚翃以招翊翊不顧乃殺翃翊亦不顧軍旣集

遂結寨於大蘭發辯士至舟山説黃斌卿同攻寧波寧波諸生華夏以帛書來告內應謀泄斌卿後期斂軍退翊遂入四明山軍令明肅見者皆悅戊子入上虞殺攝令戰勝而臥　大兵夜乘怠還襲城翊出走時浙東山寨蕭山有石仲芳會稽有陳樞王化龍台州有金湯俞國望奉化有袁應彪吳奎明所至民多亡避而平岡張煌言上虞李長祥單弱不能成軍惟翊一旅蔓延四明八百里之內任褚九如沈調倫鄒小南等領五營毛明山等領五司九如用法嚴而屈己讓能憂時憤發帳下士或戰傷矢即以所乘馬載之己執鞭以從故最得人死力調倫爲沈國模兒子夙向義小南亦書生以故翊軍中多故家相聚講求義烈

明山戇而敢死搴旗摧鋒議事翊前侃侃面折軍中呼爲毛金剛　大清督撫提鎮以鄉兵四起大軍不能久相持且山險未易攻也下檄環四明寧紹台三郡村落團練自爲戰守於是民始攜貳　大兵踰清賢嶺入鄉兵屯丁山以待之待久而弛　大兵馳之死者四百人有孫悅者聞丁山敗救之中流矢死直立不仆焉京第自湖州軍敗間行至四明入翊軍屯於杜嶴爲團練所破别部邵一梓死之翊以四百人走天台乞命國望之兵沿道招集流亡一月復至萬餘人開道入杜嶴擊破團練　大兵失團練遂出山翊復振己丑春又破上虞浙東震動翊軍既盛所設五營主軍翊統之五司主餉王江任之自翊起浙東列城

爲豈閑吏莫敢下鄉守令爭薦誠講解翊自上虞出徇奉化　大兵方攻吳奎明追奔至河泊所翊猝遇之而戰大兵退是年魯王至健跳授翊河南道御史翊朝行在陞右僉都御史已蹕舟山再入朝陞兵部侍郎當是時翁州爲行在石浦健跳爲畿輔彈丸黑子之區　大兵所以不遽下者以山寨欲乘其後所以畏山寨者不在諸營而在翊或謂　大兵諸帥曰此皆喪職之徒所嘯聚招以官可解散會稽嚴我公以都御史充招撫翊部下黃中道烹其使我公夜遁庚寅晉兵部右侍郎兼官如故八月破新昌拔虎山（案東南紀事虎作滸）時　大兵定計下翁洲以爲不洗山寨無以塞內顧乃大舉金礪由奉化田雄由餘姚會於大蘭

軍帳瀰漫三十里仍用團練兵爲導諸寨多降翊屢戰不能抗以親兵入翁洲辛卯秋聞　大兵三道下翁洲翊曰事急矣請復入山集散亡以爲援七月遂還山中二十四日大星墜地野雞皆鳴翊將由奉化出天台至北溪爲團練兵所執同行者翊參將蔣士銓也翊神色自如賦詩不輟八月初一日赴定海海道王爾祿延之入見請觀絕命詞翊援筆書之書畢以筆擲其面而出每日從容束幘掠鬢修容謂兵士曰使汝曹得見漢官威儀也十二日總督陳錦訊之翊坐地上曰無多言成敗利鈍天也十四日行刑羣帥憤其積年倔强聚射之不稍動如貫植木洞胷者三封其耳斧其首始仆從翊者揚州石必正同邑明知皆

不肯跪掠之使跪則跪而向翊并死翊旁　大兵有泣下者時年三十六女一　事具列女傳全祖望撰墓碑參東南紀事

陳國寶義而勇父事山陰劉翼明翼明佐王翊軍國寶旦夕侍臥內戰則率其下齊致死嘗至鹿頭頸就糧於平西侯王朝先他部有刈朝先麥者朝先使來詰語不遜國寶抽刀前日誰謂我公盜麥者寶請身當之平西無主人禮豈能爲國乎衆皆愕顧使者已遁矣翼明知事無濟將歸先遣國寶揮淚別翼明立山頭送之見國寶行數里尚回顧王翊死國寶不能忍復以數十人起死之東南紀事劉翼明傳

王江字長升案東南紀事作長叔少蹇於科舉魯王監國江與王翊連名上書請募沿海義勇勤王自效師甫集而王航海二

人遂頓兵四明杜嶴爲海上聲援翊主兵最盛江善理餉計山中屯糧不足親往民家用什一爲勸輸感以忠孝有額外擾民者必誅又時結連遺老致其扉屨之助故杜嶴一軍之強甲他寨馮京第張夢錫來合守大蘭江總司三營之餉浙東列城畏之胥吏不復下鄉催租於是山中之民益樂輸庚寅　大兵以下舟山必先除山寨以絕其援分兩軍由餘姚奉化會於大蘭京第夢錫死之翊避入海江亦走大帥刼江母以招江乃薙髮以僧服至杭時大帥方議勞來故國遺臣得江喜甚盛爲館帳如幕府而防閑之未幾江母死忽買一妾昵之甚江妻李晨夜勃谿詬誶江乃控之吏出之李歷數江隱微之過攘臂竟去一日江

遊湖山防守者以有其妾在不疑而江竟遁乃知鄉者特以術脱妻也既脱攜李入海朝監國於金門張名振請爲監軍甲午引師入大江抵燕子磯望祭孝陵題詩慟哭而還乙未名振卒海師復下舟山張煌言駐軍焉時沈調倫起四明山中江赴之山中人聞江至壺漿以迎者如蝟浙東大帥方以舟山爲急聞江至謂山寨且復爲犄角急攻之江中流矢卒官至都察院右僉都御史晉右副都御史全祖望撰神道闕銘

邵一梓字端木少與兄一桂慷慨自許從軍西興毀家助貲魯王在海上授一梓威鹵將軍屯四明山有衆萬餘勢鋭甚郡邑相戒毋犯邵不林鋒不林其別號也後戰敗被

執歎曰勿破我巾使我無以見君親於地下縛致上虞寸磔仰首罵不跪剢及脛乃倒猶大呼高皇帝及闖傒不輟一梓膽勇冠軍既死山中奪氣一柱字支幬諸生善屬文偕其弟一槐一栅一棟先後並戰死東南紀事參王翊傳勝朝殉節諸臣錄

沈之泰字魯瞻弱冠通經史推官陳子龍亟稱之孫嘉績邵之詹呂章成邵以貫皆與爲執友乙酉恩貢魯王時爲中書舍人江上敗之泰鬱鬱不得志里中人持其陰事謂入海朝魯王繫會城獄海道王天錫欲出之之泰不可言蹈海固夙志得死無恨在獄賦詩臨盡神氣暇適先是有茱傭負巨室逋被痛掠以之泰救得解至是傭在武林職納饌食將刑前一日泣語之泰曰吾爲君了後事乞其屍

埋之妻吳氏自縊以殉事具列女傳東南紀事參三祠傳輯

徐泰字泰字性樂施予嘗販紙温州拾遺金五十兩待其人還之丙戌　王師平定江南監國諸臣多殉節泰具沐浴庭設酒醴告於宗祊曰草莽臣將以故國衣巾見先人地下闔戶自經家人引救得甦不語亦不食家人防護維謹泰忽言笑若平日性喜種菊自是日與親朋相往復攜棋枰酒盞坐菊花下者浹旬家人不復疑一夕哭入閣投繯死三祠傳輯

胡國瑨銅陵典史左兵破城與知縣胡鯤化同死　國朝乾隆四十一年　賜祀忠義祠勝朝殉節諸臣錄

盧瑋字性之別字渭璜隨父居台州補臨海諸生時國家

多事璋遂業武登崇禎十六年武進士授山西操捕都司國亡閒關至越魯王授參將職守江干乙酉八月十六日戰錢塘江陷泥淖中死於攢槊年二十六妻嚴撫子肇忠以節鳴越殉義錄

邵不倫善韜略喜散財結客崇禎末嘗聚兵四明山被獲不屈死越殉義錄　案乾隆府志以邵一梓號不林謂不倫與不林音近或即一人攷邵廷采梅墩公家傳公子欽順欽馴欽順孫不倫明末聚兵四明云云兼及不倫兄子曰進字大赤有文名於時梅墩刑部侍郎陛也不倫蓋陛曾孫廷采實同族於其子姓不宜不詳知之不言其名爲一梓且一梓兄弟先後死難多至四人亦不宜不書可知爲兩人無疑也

梁隆吉定西侯張名振監軍辛卯九月　大兵下舟山手刃全家自刎死越殉義錄

李開國世居臨山衛官兵部主事三祠傳輯作衛指揮舟山破殉節母亦縊死　國朝乾隆四十一年　賜謚節愍祀忠義祠一統志先是有周卜年字定夫聞變死於水亦衞人越中觀感錄

吳道正少以詩遊江淮閒福王時以知縣爲史可法軍前監餉　大兵破揚州與可法俱死　國朝乾隆四十一年　賜謚節愍勝朝殉節諸臣錄參明史

楊在少遊南粵桂王試博學鴻詞得錢秉鐙等八人在與焉授編修累官禮部侍郎從桂王至緬爲緬酋所殺　國朝乾隆四十一年　賜謚節愍祀忠義祠一統志參勝朝殉節諸臣錄

邵之驊字國良崇禎三年舉人主考黃道周於闈中得其卷歎曰肝鐵骨金節烈中人也知信陽縣流賊攻城不能

下遷永寧知州能結獞猺以恩信累擢廣西按察司僉事戊子　王師定廣西桂王出走城破之日肆抽刀自殺勝朝殉節諸臣錄參三祠傳輯

朱之嶼字楚嶼以詩見知於張國維後之舟山依黃斌卿斌卿强悍不法之嶼數有所匡正馮京第使日本之嶼偕行至長崎島許發罪人三千京第先還之嶼意未慊請謁見將軍陳方略已而事不行遂留海島日本師奉之爲闡致良知之教島中納侍女十二人竟不一御卒葬島中縣人張五皋如長崎島還傳其事　乾隆志引炳燭齋逸士傳日本安積覺撰行實文

恭先生諱之瑜字魯嶼魯作楚非也卽章此刻楚嶼不復改刻故人或稱楚嶼姓朱氏號舜水其先封邾春秋所謂邾子也後改爲鄒秦楚之際去邑爲朱漢興流轉魯魏之閒在東漢時曰暉曰穆俱顯於世亦其先也高祖龍山處士謚不仕卒家高祖妣黃

氏曾祖諱詔號守愚累歷顯職誥贈榮祿大夫曾祖妣孟氏誥贈夫人祖諱孔孟號惠翁誥贈光祿大夫祖妣楊氏誥贈夫人父諱正字存之號定寰別號位垣累遷總督漕運軍門及卒誥贈光祿大夫上柱國妣金氏前封安人誥贈一品夫人先生其第三子也以明萬歷二十八年庚子十月十二日申時生焉幼而穎悟絕倫殆若成人九歲喪父哀毁踰禮初從慈谿李契玄學及長受業於吏部左侍郎朱永祐（永祐字爰啟號闇遠登甲戌進士第歷大常寺卿松江華亭人）及東閣大學士兼吏戶工三部尚書張肯堂（號鯢淵爲福建巡撫松江華亭人）禮部尚書吳鍾巒（鍾巒字巒稚號霞舟登甲戌進士第歷廣東廣西等處提刑按察使司按察使僉事常州武進人）研究古學特明詩書初爲南京松江府儒學學生所謂秀才也少抱經濟之志動輒適禮宗族及鄉先生多以公輔相期弱冠見世道日壞國是日非慨然絕仕進之懷而有高蹈之致每對妻子云我若第一進士作一縣令初年必逮係次年三年百姓誦德上官稱譽必得科道由此建言必獲大罪身家不保自揣淺衷激烈不能隱忍含弘故絕志於上進耳鄉黨每有疑難先生片言折之嘗有人攜家譜來謂曰我朱文公之裔也文公之子爲餘姚令子孫因家焉意欲認先生爲同族及閱譜世系大同而唯有一世可疑者宗族皆欲從之先生正色曰一世不明則餘不足據方今九族尚不能敦睦何用捨近求遠耶狄青武人尚不認仁傑若能自立自我作祖棄其先德則四凶非聖人

之後乎宗族皆服其卓識而從其言先生始娶葉氏先歿繼妻陳氏志意克諧事姑盡孝能安貧賤有短裳挽鹿之風年至四十欲棄舉子業退安耕鑿諸父兄弟愛其器度可大用而不許於是每逢大比徒作遊戲了事而已或有勸顯達者則恬然不省崇禎某年提督蘇松等處學政監察御史亓某黜舉文武全才第一名薦於禮部崇禎十六年癸未十月幕府辟爲監紀同知不受尋擢恩貢生考官吳鍾巒貢劄稱爲開國來第一十七年甲申詔特徵不受弘光元年乙酉正月又詔徵亦不受四月即授江西提刑按察司副使兼兵部職方淸吏司郎中[illegible][illegible][illegible]官監荆國公方國安軍不拜於是臺省交章論劾之瑜偃蹇不奉朝命無人臣禮先生即不別家人星夜逃避海濱此時左良玉之子夢庚背叛報急羽檄張皇故特免於逮捕既而自舟山之日本轉抵交趾未幾還舟山隆武三年丁亥永曆舟山守將招討大將軍威虜侯黃某黜承制授昌國縣知縣不受十月又題請監察御史管理屯田事務亦不受聘請軍前贊畫不就永歷五年辛卯舟山諸將互抱疑貳欲相屠殺淸兵將至先生豫料禍敗欲自舟山至安南而阻風轉至日本先生素與經略直浙兵部左侍郎王翊[illegible]完深相締結且與舟山諸將密定恢復之策時王翊兵勢頗振屢立戰功蓋先生所以屢至日本者欲以王翊爲主將鄉導而借援兵也然在日本未嘗露情洩機既而王翊戰

敗被擒不屈而死久之先生得聞其訃然莫詳其月日乃以八月十五日設祭祀焉哀悼激烈發於其文邇來每逢八月十五日杜門謝客愴然不樂終身廢中秋賞月自是而後先生歸路梗塞然以日本禁淹留外邦人復過舟山六年壬辰璼碉鐪監國魯王駐蹕舟山時安洋軍門劉世勳疏薦監紀推官不受吏部左侍郎朱永祐擬兵科給事中旋改吏科給事中亦不受禮部尚書吳鍾巒擬授翰林院官儌擲編讀鷚噅相聯琥館欸嫺磡孅鑽航卻則辭而不就時先生有浮海之志偶在舟中爲清兵所迫脅白刃合圍欲使就降髡髮先生誓以必死談笑自若同舟劉文高等七人感其義烈駕舟送還舟山因是巡撫直浙監察御史王某翊嘉其節操薦舉孝廉不受上疏固辭欵帷時天下大亂憲綱蕩然先生雖有志於匡救而時事不可爲故累蒙徵辟十有二次前後力辭七年癸巳壚輻七月復來日本十二月復赴安南先生雅有意於經歷外邦而資恢復之勢是故東南海外雖暹羅小夷亦曾至焉監國九年丙申三月魯王特敕徵錬婧輵敕書降自舟山而先生東漂西落莫能速達至明年丁酉正月始達交趾先生特制處士衣巾設香案開讀叩頭謝恩獻欷慷慨欲自海路赴思明而就徵適遭安南之役不果所謂役者是時安南國王徵取中原識字人差官舉以先生一時掩捕如擒寇虜而使先生面試作詩寫字先生不作詩但書朱之瑜

浙江餘姚人南直隸松江籍因中國折柱缺維天傾日喪逃避貴邦於今一十二年棄捐墳墓妻子潰耄憂焚作詩無取該艚作色鱥艚咬百般恐嚇欲令屈服而先生毫無沮色其閒往復之言忠憤義烈激切慨然夷人亦爲之改容遂將至外營砂驅廷駞郎日命見文武大臣悉集露刃環立者數千人意欲令拜國王或慰諭焉或怒逼焉先生故爲不解其狀差官舉仗畫一拜字於砂上先生借其仗加一不字於拜上又牽袖按抑令拜先生揮而脫之國王大怒令長刀手押出西行先生毫無顧眄揮手即行心決一死耳遂將赴該艚所於是闔國君臣震怒必欲殺之而先生執意彌固有黎醫官者從容勸諭曰君必不拜見殺無疑何不自愛至此先生厲色曰今日失禮而死含笑入地耳何必多言次日黎明自取牖下水洗沐更衣撮土向北拜辭訖族天明內樓供奉敕書拜訖附呂蘇吾囑託後事謂黎醫官曰我死後料爾輩不敢收骨如可收乞題曰明徵君朱某之墓國人稍稍採知其無辜遭難乃有歎服而稱奇者國王亦差人訪察舉動知其履歷事實於是擅殺之計弛而任用之心萌矣然先生未之知焉獨在困厄之際身名埋沒於外夷而無達於天朝乃密草奏疏且錄遺役本末封付王鳳使上於魯王鼓雖綏輔數日國王致書於先生令仕有太公佐周而周王陳平在漢而漢興等語先生復書拒之覬覦綏輔自此而後闔國君臣悉知先

生貞烈義勇凜乎不可犯反相敬重如國王之弟亦至稱爲大人其敬服如此時國王遣人書一確字來問先生解以堅確之義遂使先生作堅確賦敳徭綏轜先生既無拘留之患欲浮海而歸乃作書辭國王敳徭綏轜歸至會安寓中盜竊罄空親友皆言是居停所爲顯有證據而先生明察非寓主之所爲一概不究諸人笑以爲癡後事發竟與寓主無涉諸人嗟歎謂非常人所能也其後先生錄遺役往復事實名曰安南供役紀事綳鯲先生欲歸桑梓潛察中興之勢而屢經窘迫資裝賈耗乃又上疏魯王陳其情狀敳徭綏轜明年戊戌夏又至日本蓋因魯王之召而欲從日本抵思明親攄情實而決去就也是時海內幅裂兵革鼎沸欲從安南直赴則行路艱澀是以欲取海路而舟山既陷先生師友擁兵懷忠者如朱永祐吳鍾巒等皆已死節先生聞之進退狼狽然欲審察時勢密料成敗故濡滯沿海艱厄危險萬死如髮於是熟知聲勢不可敵壤地不可復敗將不可振若處內地不得不從當時之俗乃決蹈海全節之志以明年己亥泖本轎又至日本先是筑後柳川有安東守約者庵號省欽其學植德望師事之深體先生忠義之心知其歸路絕宿望沮固請先生留日本先生從焉乃與同志者連署白長崎鎭巡鎭巡許之然先生流離屯蹇四海空囊孤身飄然不能自支守約乃分祿奉其半先生辭以過多守約曰先賢有以麥舟救朋友之急

者古人稱師與君父所在致死況其餘哉然則義當悉獻年俸自取其三之一然辱愛之深恐不許之故今取其中以分其半若非其義非其道則奉者受者猶之匪人老師高風峻節必不受不義之祿豈以守約之所奉爲不義之祿乎守約百事不如人惟於取與欲盡心以合理若拒之則爲匪人也豈相愛之道哉先生重辭以心不安答曰守約爲生豐於老師則豈於心安乎縱使傾家奉之志則遂矣難以致久故酌其宜以中分之有餘則不在此限不足則亦不必如此願不過爲慮也守約尊信老師本非爲名老師愛守約亦豈有私惟欲斯道之明而已先生乃知其志不可移而許其所請自是守約仕宦之暇窮徽探賾學術頓進先生雖客寓於此莫不日向鄉而泣惟以故國盡淪爲憾不以闓室旣破爲悲辛丑歲繽較守約問明室致亂之由及恢復兵勢先生乃撰書一卷以答之名曰中原陽九述略孄歟先生幼時嘗夢夜暖溶霜月風輕薄露冰二句因以溶霜名齋而未知其兆及在日本習其風土恍然自悟日吾漂零海外命也夫癸卯年春長崎大火先生僑屋亦蕩盡因寄寓於皓臺寺廡下風雨不蔽盜賊充斥不保旦夕守約聞之曰我養老師四方所俱知也使老師餓死則我何面目立乎世哉卽時赴之揺据綢繆而還甲辰[illegible]我宰相上公遺儒臣小宅生順於長崎採訪碩德耆儒生順屢諳先生談論古今謂先生日於東武若有奉先生

爲師者能東遊否先生曰與學設教是國家大典而在貴國爲更重我深有望於貴國但以我才德菲薄何遽足爲庠序之師至若招我不論祿而論禮恐今日未易輕言也惟看其意何如耳及順歸上公備聞先生才德文行明年乙巳秊稟明公廷禮聘先生先生乃與譯者及門人議其去就皆曰上公好賢嗜學特聘先生不可違拒先生乃應其聘七月至武江自是禮接鄭重待以師友八月上公就邦九月迎先生至水戶十二月歸武江丁未秊八月又至水戶每接見談論先生援引古義彌縫規諷曲盡忠告善道之意上公亦與之論難經史講究道義冬上公鑄鐘簴於城樓以備警時乃使先生作銘自書於鐘及上公搆高杭亭於緣岡又使志其亭先是上公欲爲先生起第於駒籠別莊先生方辭數四且曰吾藉上公之眷顧藏孤蹤於外邦得養志守節而保明室之衣冠感恩浴德莫之大焉而不能報其萬一至於衣之食之居之或豐或儉則未嘗置之懷抱也且吾祖宗墳墓喬木秀美想必發掘翦除每念及此五內慘裂若豐屋而安居非我志也上公慰諭懇至乃勉從之戊申秊二月歸武江新第先生常念守約傾心之篤每通書信或寄黃金衣服以攄情素守約領其輕還其重先生乃代金以絹帛書論之曰昔及相見分徵祿以其半贍不佞賢契敝衣糲飯樂在其中蓋以我爲能賢以爲道在是也豈有有道之人而忘人之德者乎賢契而

忘之則可也不佞而忘之尚得謂之人乎大凡賢者處世既當量己又當量人賢契自居高潔則不佞處於不肖矣不幾與初心相紕繆乎況非所謂高潔乎自是不敢拒而受之己酉秋先生歲七十自以年老神耗欲辭西歸乃啟陳其意上公嘉其肫篤慰勉款曲先生不得已而從之十一月十二日先生誕日上公設養老之禮饗先生於後樂園授几杖而禮養焉十六日親臨其第酒殽幣帛禮接稠疊新製屏風畫以古時年高德邵者六人（日本武內宿禰藤原在衡藤原俊成中原太公望桓榮文彥博）祝其遐壽盡歡而歸是歲先生作諸侯五廟圖說博採眾說通會經史旁考古今以理折衷識者皆謂不朽之盛典庚戌針先生以檜木作壽器制度周密漆而藏之先是每歲欲用油杉制之而終無艮材稱意者故以檜木代焉乃謂門人曰我既老在異邦或一旦老疾不起則骸骨無所歸必當葬於茲土然汝曹素不知制棺之法臨期苟作則工手不精制度不密數年之後必致朽敗儻我子若孫或欲請之歸葬而墓木未拱棺槨朽敝則非徒二三子之羞亦日域之玷也吾之所以作此者非爲手足也爲後日慮耳況禮有七十月制之文乎是歲上公使先生作學宮圖說商搉古今剖徵索隱覽者若燭照而數計焉上公乃使梓人依其圖而以木模焉大居其三十分之一棟粱栟椽莫不悉備而殿堂結構之法梓人所不能通曉者先生親指授之及度量分寸湊離機巧教喻縝密

經歲而畢文廟啟聖宮明倫堂尊經閣學舍進賢樓廊廡射圃門樓牆垣等皆極精巧及上公作石橋於後樂園先生亦授梓人以制度梓人自愧其能之不及也又命造祭器之合古典者先生乃作古升古尺揣其稱勝作簠簋籩豆登銂之屬古意煥乎溢目如周廟欹器唐宋以來圖雖存而制莫傳先生依圖考古研覈其法巧思默契指畫精到授之工師工師諮受頻煩未能洞達乃爲之揣輕重定尺寸關機運動教之彌年卒得成之壬子針二冬上公使先生率儒學生習釋奠禮改定儀注詳明禮節學者通其梗概明年癸丑誕鑛復於別莊權裝學宮使再習之於是學者皆精究其禮甲寅年先是上公使先生製明室衣冠至是而成朝服角帶野服道服明道巾紗帽幞頭之類也上公素遇先生以殊禮寒暑風雨必問起居肴饌牲牢莫不備焉常念先生客居他邦清節厲操鄉信阻絕而言不及子孫乃諭先生寄書於家問其家信且召一孫侍養爲先生作書寄之先生之在鄉也兄曰啟明一名之琦號蒼曙登進士第因忤閹宦妄爲所劾雖兩奉明旨昭雪而不賂權要故十年不得復後漕運缺御筆親除時因流賊破北京未得到任遂歸南京洋務軍門缺理應啟明推補而時相馬士英惟賂是圖又起姦黨阮大鍼爲兵部侍郎以爲羽翼而共推劉安行補焉啟明擯落但奉朝請而已當朝欲強用之不可部院陳錦欲殺之以操江唐際盛力救

得免後錮於南京屏居灌園及先生流離海外莫知其存
亡矣兄某踰字仲琳未弱冠而卒先生繼妻陳氏亦先没
後聘胡氏先是妻父胡公必欲配之先生而先生固辭者
三且作書苦辭胡公不許聘後先生適會母喪未娶後值
亂離奔逃數寄書而使別許配而胡公堅執不允後亦莫
知其存亡先生有二子一女長大成字集之次大咸字咸
一據先生與諸孫男書有汝父元楷字是士則否今志之語則先生之子不止於是然平日所語只有二男則
元楷或是大成大咸之改名者今莫能詳女高字柔端郎陳氏所生也高忠孝
性成聰明絕世兒時三歲便如成人一言一動俱有矩矱
長者皆愛之憚之六歲喪母哭泣之慘弔祭者哀不能起
遇事先意承志先生藉以忘憂變革以來年十二三嚴備
利刃晝夜不去身其姈駭焉問之曰備此作何事曰兒若
有不幸郎以此自刎事尚辱身其姈與同臥起欲竊其刀
四年不能得幼字同邑何氏因其舅爲官失節又日夜思
父忿懣遘疾未嫁而亡是時先生在外不知兵亡年大約
在壬辰癸巳聞也大成隱居教授不就當朝考試以己酉
年卒大咸先没無子大成有二子曰毓仁毓德孤貧養於
外祖姚泰家㨗瀛先生所寄書達姚家家人相與驚歎始
知其尚在天壤間且悲且喜然未審海外險夷禁諱是以
切欲訪求而不敢輕動乃託外家親姚江峙虞赴日本候
察邦憲及先生安否泰謂先生離鄉年久不識姚江故授
之以先生所嘗有金扇及命紙等爲證而附以家書丙辰

⿰钅四江至長崎先生覽書始知大成之死泣然隕涕一江之在崎也備識先生與上公相得而保明室衣冠及召一孫之意及歸被官吏監察而以犯禁充於軍後泰及毓仁毓德傳聞先生消息明確戊午秋毓仁直來日本十二月至長崎而礙法禁不能進武江先生以老疾不能赴長崎唯以書通情而已上公聞之閔惻欲召毓仁侍養而毓仁受母命而來當歸報母故躊躇不敢遵命也於是上公諭先生使門人今井弘濟往長崎賜賚毓仁甚優渥先生寄書審問祖宗之墳墓舊友之存亡且警之以國亡家破農圃漁樵自食其力百工技藝亦自不妨竟不及其他己未秋四月弘濟抵長崎與毓仁相見備述先生之意且諭毓仁侍養毓仁謂弘濟曰毓仁幼失父家有母及弟而無負郭之田我之來也欲問家祖安否面陳情實歸告母及外祖以慰其渴望然後辭母再來而終侍養之孝耳前者姚江之來不及至家中途遭事而毓仁家貧不能贖之居常鬱陶忽焉浮海而長留不歸雖有事祖之誠而實缺倚門之望今且歸而告母必圖後舉然則於祖於母孝心兩得矣七月弘濟歸都備述毓仁之意及桑梓之信先生憮然感愴是歲先生年八十矣及先生誕日上公又設養老禮前一日親就第祝壽奉以羔裘鳩杖龜鶴屏等凡二十品明日先生設香燭拜告天地以身在異邦遲暮衰疾久受上公隆恩無以報之獻欷流涕感動旁人是日上公命奏古樂

而樂之庚申秋先生素患咳血二十餘年精神俊爽苟無
情容年逾八十老疾稍漸膚燥體瘦因生疥瘡不勝起坐
岑岑在牀明年辛酉秋稍衰損日甚上公屢使人問候饋
以果敎且使醫官奧山玄建診察進藥先是先生每疾常
服玄建之藥至此先生辭曰玄建建者常在公侯之門醫療
權要者也今吾之疾也疥瘡浸淫手足污爛而使之診脈
恐傳染醫手則吾之累人居多未必不由吾也利己而損人君
子戒之且犬馬之齒既過耄耋而欲用藥石延旦夕之命
未爲知命者也吾必不敢承命矣上公爲之慰諭懇款玄
建亦屢至累請而先生力辭不使診脈玄建乃望聞而制
藥先生服之意在重上公之命而已壬戌秊三月設宴招
親友及門人等力疾起坐諄諄教誨蓋永訣也四月十七
日無有他疾語言聲色不異平日未時奄然而逝年八十
三先生既制棺又逆備葬具門人斂畢上公歎惜不已臨
送其葬親題神主世子亦會焉以四月二十六日葬於常
陸久慈郡大田鄉瑞龍山麓依明朝式成墳焉癸亥秊七
月十二日上公與羣臣議謚曰文恭先生親詣墓薦少牢
文曰嗚呼先生道德坤厚才望崧高生於明季之衰遭於
陽九之厄危行砥節屯蹇隱居鶴書連徵確乎不拔身陷
賊窟守正不移流離轉蓬經幾年所衣冠慕古未嘗變易
嘔血嘗膽至誠無息弢光肥遯謝恩遠辭鼓翼南溟奮鱗
東海風饕雪虐義氣益堅寬文乙巳夏六月惠然寓我我

茲師資終日諄諄論文講禮嗚呼先生博學強記廉事不知起廢開蒙孜孜善誘斆我末半天不假年去歲夏初奄忽長逝嗚呼先生生有懿行死不可無美謚古言曰道德博聞曰文執事堅固曰恭蓋先生之謂乎故謚曰文恭肅攄哀誠敢告塋墓嗚呼哀哉伏尚先生之靈來聽來饗甲子禎惇上公命構祠堂於駒籠別莊十二月十三日遷主祭用少牢自作文祝之曰嗚呼先生明之遺民避難乘槎來止秋津痞瘵憂國老淚霑巾衡門常杜簞瓢樂貧韜光晦迹德必有鄰天下所仰衆星拱辰既見既覯眞希世人溫然其聲儼然其身威容堂堂文質彬彬學貫古今思出風塵道德循備家寶國珍函丈師事恭禮賓賓嗚呼哀哉齒超八旬遽爾捐館今及三春情所不忍結不能伸相攸構廟輪奐維新簠簋籩豆云設云陳牲醴粢盛克祀克禋敢告微誠焚香參神神若有知來綏來臻尚饗自是每忌日親舉祭禮然是日適當東照公之忌日有事於太廟故移祭於明日率以爲常先生性質謹愼強記神敏雖老而疾手不釋卷凡所經覽鉤深體實博而約達而酷嘗謂門人曰學問之道如治裘遴其粹然者而取之若曰吾某氏學某氏學則非所謂博學審問之詣也又曰爲學之道外修其名者無益也必須身體力行方爲有得故子貢天資穎悟不得與聖道之傳無他華而不實也作文雄壯古雅持論逸宕筆翰如流隨手成章嘗曰大凡作文須本六經

佐以子史而潤澤之以古文內既充溢則下筆自然湊泊不期文而自文若有意為文便非文章之至也碩儒學生常造其門者相與討論講習善誘以道於是學問之方簡牘之式科試之制用字之法皆與有聞焉先生飭身以禮燕居儼若也平居見客雖親暱必具衣冠謙而接物不盡八歡嚴而自持苟無虛飾治家以儉量入為出離家四十年不接婦女或論以置妾以備藥餌之奉而先生不許焉格物窮理志慮精純古今禮儀下雖農圃梓匠之事衣冠器用之制皆審其法度窮其工巧識者服其多能而不伐該博爾精密也為八剛毅方直操履中規擇交而慎言晦迹遠疑如其祖宗官銜及身蒙徵辟之榮者雖親友門八未嘗與之言也魯王敕諭亦不示人及卒有古匣鎖而封焉於中得所自書祖宗以下紙牌及奏書履歷等敕書別藏於描龍箱於是人皆服其深密謹厚而知本末事實云

案舜水先生明亡後捐棄家屬遯荒海外孤忠大節世所共知所奇者初至安南安南人幾欲殺之而卒乃敬之如神後在日本則上自列國之君下逮承學之士皆待以賓師執贄恐後生事死葬致敬盡禮不僅如皆繆齊宣之於思孟至今尸為樂祖俎豆不祧而故鄉人士尚未盡知也同治之季先生族孫衍緒因從弟湛然隨

使日本屬訪求軼事獲日人所輯全集二十八卷而歸而先生生平乃始終可攷今續修邑乘摭其遯荒後事恐表揚反不如日人之親切因錄舊志本傳而以全集中行述附之人爲奇人傳亦變例謹校閱數四而訂定如右

餘姚縣志卷二十三列傳十四終

光緒重修

餘姚縣志卷二十三

列傳

國朝

黃宗羲字太沖尊素長子年十四補仁和學諸生尊素官前明御史以劾魏忠賢死詔獄莊烈帝即位宗羲年十九袖長錐草疏入京訟冤至則逆閹已磔得賜祭葬贈廕即疏請誅曹欽程李實會廷訊許顯純崔應元宗羲對簿出所袖錐錐顯純流血蔽體又毆應元拔其鬚歸祭尊素神主前又錐殺牢子葉咨顏仲文時欽程已入逆案李實辨原疏非己出陰致三千金於宗羲求弗質宗羲發其事復於對簿時錐之獄竟偕同難諸子弟設祭獄門哭聲達禁

中莊烈帝歎曰忠臣孤子甚惻朕懷當是時姚江黃孝子之名震天下既歸益肆力於學經史百家無所不窺既盡發家藏書讀之不足則鈔之同里世學樓鈕氏澹生堂徐氏南中則千頃齋黃氏絳雲樓錢氏且建續鈔堂於南雷以承黃震之緒先是山陰劉宗周倡道蕺山以尊素遺命從之遊時越中承海門周氏之緒餘援儒入釋陶奭齡爲之魁姚江之緒大壞宗羲約吳越高材生力摧其說故宗周弟子如祁彪佳章正宸皆以名德重而四友禦侮之助必首宗羲弟宗炎宗會並負異才宗羲自教之有東浙三黃之目及周延儒再召謀翻逆案起馬士英督鳳陽爲阮大鋮地於是南太學諸生作留都防亂揭斥大鋮東林子

弟推無錫顧杲居首瑺禍諸家宗羲居首餘以次列名大鋮恨之刺骨崇禎十一年秋七月事也十五年宗羲入京周延儒欲薦爲中書舍人力辭免偶遊市中聞鐸聲曰非吉聲也遽南下甲申難作阮大鋮驟起南中案揭中一百四十八人姓氏欲盡殺之宗羲與顧杲並逮宗羲母曰章妻滂母乃萃吾一人耶會　大兵南下得免既歸浙東而孫嘉績熊汝霖以一旅之師畫江而守宗羲糾黃竹浦子弟數百人從之號世忠營請以布衣參軍事不許授職方尋改御史作監國魯元年大統歷頒之浙東馬士英在方國安營欲入朝朝臣皆言當殺汝霖恐其挾國安爲患好言慰之宗羲曰諸臣力不能殺耳春秋之孔子豈能加於陳

恆但不謂其不當殺也汝霖謝焉又遣書王之仁曰諸公何不沈舟決戰由赭山直趨浙西而日於江上鳴鼓攻其有備蓋意在自守也蕞爾三府以供十萬之衆必不支何守之爲又曰崇明江海之門戶曷以兵擾之亦足分江上之勢聞者皆是其言而不能用惟汝霖嘗再以所部西行下海鹽至是孫嘉績以火攻營卒盡付宗羲與王正中合軍得三千人正中者王之仁從子也忠義自奮宗羲深結之使之仁不以私意撓軍事故孫熊錢沈諸帥皆不得支餉而正中宗羲獨不乏食查繼佐軍亂宗羲定之使同西行遂渡海劄潭山陳潛夫以軍同行朱大定吳乃武等皆來會師議由海寧入太湖招吳中豪傑抵乍浦約崇德義

士孫奭等內應會　大兵嚴不得前而江上已潰因歸入四明山結寨自固餘兵尚五百人駐軍杖錫寺微服出訪監國戒部下善與山民結部下不盡遵節制山民畏禍潛焚其寨部將茅翰汪涵死之宗羲無所歸捕檄累下攜子弟入剡中己丑聞監國在海上乃與都御史方端士赴之授左副都御史俄而　大兵圍健跳城中危急置鞾刀待命蕩湖伯阮進救至得免時諸帥之悍甚於方王文臣稍異同其閒立致禍熊汝霖劉中藻錢肅樂相繼死宗羲既失兵日與吳尚書鍾巒坐舟中正襟講學暇則注授時泰西回回三歷而已宗羲之從亡也其母尚居故里當事錄其家口宗羲曰方寸亂矣吾不能爲姜伯約矣乃陳情監

國變姓名間行歸家是年監國自健跳至翁洲復召宗羲副馮京第乞師日本抵長埼不得請自是東遷西徙無寧居而浙中當事得名籍與海上有連者即行翦除宗羲於海上位在列卿江湖俠客多來投而馮京第結寨杜嶴即宗羲故部風波震撼無虛日宗羲猶挾帛書欲吳中鎮將南援時方捕諸帥之通海者山寨諸帥相繼死弟宗炎坐與馮京第交通刑有日宗羲以計脫之辛卯遣間使入海告警令爲之備甲午定西侯張名振間使至被執又連捕宗羲丙申慈水寨主沈爾緒禍作亦以宗羲爲首其得不死皆有天幸宗羲不懾也其後海上傾覆宗羲無復望乃奉母返里門畢力著述四方請業之士漸至自言受學蕺

山時頗喜爲氣節斬斬一流患難後始多深造而追恨爲過時之學康熙六年復舉證人書院以申宗周之緒已而之鄞之海寧皆請主講大江南北從者駢集嘗謂明人講學襲語錄之糟粕不以六經爲根柢教學者必先窮經而求實事於諸史又謂讀書不多無以證斯理之變化多而不求於心則爲俗學故凡受宗羲教者不墮講學之流弊十七年　詔徵博學鴻儒掌翰林學士葉方藹擬疏薦宗羲門人陳錫嘏止之會修明史左都御史徐元文謂宗羲非可召試者然或可聘之修史　詔督撫以禮敦遣宗羲固辭　特詔浙中督撫鈔宗羲所著書關史事者送京師延宗羲子百家及門人萬斯同萬言任纂修宗羲以書答

元文曰昔聞首陽山二老託孤於尙父遂得三年食薇顏色不壞今吾遺子從公可以置我矣案乾隆府志謂葉方藹欲舉博學鴻儒宗義寓書止之今攷神道碑知宗義寓書者元文時而爲宗義止方藹者則門人陳錫嘏也府志誤

聖祖表章儒術大臣多躬行君子顧皆以不能致宗義爲慊左都御史魏象樞曰生平願見不得者三人夏峰梨洲二曲也工部尙書湯斌曰黃先生論學如大禹導水導山脈絡分明吾黨之斗杓也二十九年刑部尙書徐乾學侍直

上訪及遺獻復以宗義對且言曾經臣弟元文疏薦老不能來

上曰可召至京朕不授以事卽欲歸當遣官送之乾學對

以篤老無來意

上歎息不止初宗羲營生壙於尊素墓旁中置石牀無棺椁作葬制或問援趙岐陳摶例戒身後無得違命蓋自以遭國家之變期於速朽而不欲顯言其故也著書甚富詳藝文不具列海內稱梨洲先生子百藥正誼早世百家字主一能世其學嘗入史館成史志數種今王鴻緒明史稾所載天文志厤志即百家稾本也從弟世春字木正敦志節潛居注易終身冠髮不改一門羣從能行古人之道浙東黃氏他姓罕比焉全祖望撰神道碑參邵廷采撰傳李元度國朝先正事略姚江詩存

黃宗炎字晦木尊素仲子明崇禎中貢生學術與兄宗羲等而鼻岸幾過之己卯秋試報罷與弟宗會約閉戶盡讀

天下之書而後出畫江之役步迎監國於蒿壩兄弟毀家率子弟僮僕荷戈婦女皆執爨以餉世忠營宗羲西下海昌宗炎乃留龕山治輜重事敗狂走入四明山爲馮京第參軍事奔走諸寨間順治七年山寨軍殲被縛當論死宗羲至鄞謀以計活之故人馮道濟獨任其責高旦中等爲畫策行刑之夕潛以死囚代宗炎萬泰子斯程負宗炎冥行十里得脫案邵廷采撰黃宗羲傳謂宗羲赤足行冰雪中十指皆血求救於馮道濟得胡珠百顆獻之大帥乃得釋云尋京第故部復合宗炎復與其事慈湖寨主沈爾緒又寄孥焉十三年再遣名捕故人朱湛侯諸雅六救之免遂提藥籠遊海昌石門間或以古篆爲人鐫石印或用李思訓趙伯駒畫法鬻之以自給浙江傳爲黃高士畫

爭購之生平作詩幾萬首沈冤淒結晚稍頹唐於象緯律呂軌革壬遁之學皆有神悟晚年以石函錮所著述於其中語其子曰有急則埋之丙舍如其言子卒遂莫知所在所著書略見藝文志世稱立谿先生（全祖望撰神道碑參先正事略）子百穀字農師明敏能文業醫嘗居西湖弔古感傷發於吟詠卒以窮餓死所著素問難經本草註蕙江緣返魂香詞曲稼軒詩稾俱零落散失（輶軒續錄）

黃宗會字澤望尊素子資穎異五歲時屬對出天然明崇禎末拔貢國變後隱於浮屠浪遊名山以疾終生平讀書一再過不忘日必盡百葉有事則次日倍其常課自經史四部外釋道二藏未嘗不一周也詩文古澹而有根據所

著曰縮齋集其著釋教書如牛毛繭絲爲其教者亦歎以爲弗及錢謙益注楞嚴多采用其說世稱石田先生乾隆通志參府志先正事略

翁月乾字鶴皋弟月節字好堅皆明諸生有盛名事親色養備至溽暑祁寒不冠服不敢見月乾常隨父入試父犯規當笞月乾代之創甚反以爲喜月節居喪不御酒肉事月乾如嚴父常拾遺金自揭姓名居處失者來取即還之以子年奕貴封文林郎就養任邱年奕順治朝選貢知任邱縣有善政得之庭訓者多所著羲經彙纂行於世康熙府志

月節曾孫運標自有傳

李安世字泰若槃子有志節明萬曆四十三年舉人會試

入都同里黃尊素以直諫下獄交遊引避安世獨入獄省視獄卒訹以危言不爲動好求有用之學黃道周與論三易洞璣深契其旨道周曰泰若今之元定也爲泗州學正史可法奇其才欲舉以代州守固辭登崇禎十六年進士語其弟曰諸臣泄泄猶燕雀之巢幕而不知危也亟去乃免遂歸杜門不出後孫嘉績強起之劾悍將張國柱幾爲所害謝疾歸耄年貧甚同年生爲知府餽金不受過其廬則堅臥不起曰病不能肅客好遊山登陟如少壯後製一舟名曰獨居舫自號藍溪釣叟年九十卒弟盛世字生虞崇禎三年順天舉人官青豐知縣早告歸與安世同志子孫多以文學知名炳燭齋逸士傳參康熙府志李檠傳

張應曄諸生受學劉宗周南都破宗周使應曄說守道于潁調兵食保越江之險潁不能用杭州降宗周慟不食應曄偕同里呂滋進曰先生係天下之望今浙東有魯惠二王聞黃公道周越在近郊誠擇諸王賢者與黃公間道走閩以海師下江南則浙中自定轉危行奇願先生計之宗周謝以時不可爲應曄沈吟曰然則降城非死所也宗周遂出居楊枋絕粒死應曄竟以布衣終四明耆舊錄

沈國模字叔則號求如晚居橫溪之石浪山又號石浪老樵憤舉業陷溺天下之人不知聖學奮然棄諸生倡明之好讀傳習錄入嵊謁周汝登汝登契之曰吾老矣越城陶石梁劉念臺今之學者也其相與發明之至越請陶劉講

學遂與證人之會已歸邑中建義學於半霖（後改姚江書院）日必如期至國模率履仁義日以孝弟爲提撕平易近人而爲道之志甚切而專成物之心甚誠而篤語學人曰無明於見過見人之過也又曰無近於自了不與人爲善也祁彪佳巡按蘇松一日杖殺巨憝數人國模適至彪佳欣然告之國模呼其字曰世培亦聞曾子之言哀矜勿喜乎彪佳改容謝之後語人曰吾鞫獄必念叔則恐倉卒喜怒過情負此友也宗周彪佳俱以殉節死國模屏居石泿不交世事惟教人之意靡倦卒年八十二（姚江書院志略參乾隆志）

史孝咸字子虛號拙修諸生自良知之旨徒騰口說孝咸偕沈國模管宗聖與弟孝復討求精要主講姚江書院（郎半

霖義學改今名劉宗周舉證人會以書招之偕陶奭齡同主講席宗周答王朝式書稱求如之斬截霞標之篤實子虛之明快一時共相伯仲遊華亭陳繼儒一見甚契曰先生以德行言語妙天下善氣迎人清風透骨乃吾師非吾友也明年二月宗周起吏部左侍郎以病未行孝咸勸輿疾以行宗周謝之後宗周以言事斥歸與孝咸書往復論誠意之學相信益堅入　國朝當順治五年復主院中月會立任事規約末云陵谷容有改更萬古不磨惟學問耳此地學脈所寄義當存之留人心於不死詎可廢之而聽千秋之長夜又三年重訂會約題詞曰天運無一息之停然必積杪成時積時成日積日而後成月君子之學亦若是已矣

上者須臾不離終食不違以至造次於是顛沛于是是純亦不已之詣也次則念起即覺覺而不迷日就月將以底於緝熙光明是有不善未嘗不知知之未嘗復行之修也如是每月一會以致其成惡乎不可又六年卒年七十八次子起曾字尊聞不就試能紹家學伯兄孝晉字穆州子起涑字季述家貧以田三畝捐助書院又二十畝膳主院席者次兄孝蒙字顯水亦能文弟孝復字子復號退庵妙齡能詩孫鑛以忘年接之劉宗周集證人會孝復與焉宗周揭誠意未發之旨示學者孝復引良知之說往復辨難數千言互有發明宗周引爲同調闇修密行不事表暴退然如不勝衣大義所在毫髮不假或造門訪之拒不見人

以比南州徐穉崇禎甲申前卒自沈國模創義學弟子紹其傳者數世稱國模及管宗聖孝復兄弟爲書院四先生姚江書院志略參劉蕺山集乾隆志

蘇元璞字禺氏萬傑子鄭錫元字奠維皆沈國模弟子自義學始建迄書院之成多二人力元璞承父志喜任卹嘗謂良知當驗諸應事徒騰口說無益前明甲申之變倡勤王議事雖不行論者韙之錫元舉義倉釐崇祠謂良知之教欲人直下承當徹始徹終莫作光景看過如顏子一日克己復禮天下歸仁學者能事斯語置良知不談可也同門邵振韶以錫元之言爲然同時邵曾可字子唯以端恪稱案邵氏譜曾可初名邦琳字林玉嘗再刲股療母疾史標字顯臣以簡質稱並國

模弟子以布衣終元璞子和爲白有傳姚江書院志略參康熙府志

邵元長字長孺弱冠以文名明亡堅隱不出師事同邑沈國模値外氏風沸與韓遺韓闢除邪說諸狂誕者皆避色去陽明之道復明嘗稱古之學者爲己今無此實心雖云談道實長浮競教諭張懋華慕其名欲令其子出門下元長曰吾姓氏不隸庠籍安能復與貴人抗禮固卻之一日張突至率子通謁元長踰垣避之竟不納康熙十三年卒年七十二三祠傳輯

邵以貫字得魯少與兄以發並有文聲以貫尤狷潔從沈國模講學志在經世歲饑與鄭錫元蘇元璞爲義倉里人德之孫嘉績招入幕府數言崇明爲浙江門戶宜急應吳

淞成約勿使有牽制因列海道圖爲議以上嘉績日終貫才也嘉績死舟山以貫屢往來甬上爲怨家所持瀕於死友人救出之乃之雪竇依張廷賓已以省母返居潭上園復與黃宗會狂走四明迷失道遇陳從之於石屋山從之亦餘姚人故嘉績之監軍也居山中不與人接以貫欲依之居從之曰子有母在未可來也使人導之出未幾宗會卒以貫遂棄家投四明山中之楊庵時有一妾不忍判以以貫去亦爲尼於庵中一日之中晨昏各上堂禮佛此外雖茗粥不相通後皆卒於庵四明耆舊錄參全祖望撰事略

陳天恕字仁侯號淡凝又號蜨庵老人施邦曜之甥從邦曜學稱入室弟子奉持邦曜遺書罔敢散墜淡於仕進潛

心古學與譚宗呂章成邵以發輩相砥礪邑中知名之士多從之詩文崛强不諧時好有邦曜家風同巷朱堯涫亦師事邦曜邦曜重其行贈以名教樂地説堯涫晚益志道天恕年九十好讀書皆足爲道裔姚江詩存參續姚江逸詩乾隆志叢談

呂章成字裁之善詩古文與陳函輝張明弼楊體元交函輝從事紹興欲薦爲翰林待詔章成曰左副憲蠟丸新至江東諸臣流涕向思奮發不數月而墮安如故矣悍將驕兵日事寇鈔細民則鞭撲以輸資謂之打糧巨室則要挾以索賂謂之送劄越城中顛躓狼狽救死不遑豈復可爲之日邪函輝死章成走哭於台州意有感觸則惘惘獨行欲得異人而友之訪戴易於鄧尉遇顧絳於昌平山中慷

慨賦詩歷吳齊燕粵卒無所遇乃歸名其藏書之室爲蓼園曰予集於蓼孰謂荼苦者病中自燬其著述曰此無用之虛談也嘗改輯周興嗣千字文寄感身世詞眩而義嚴

呂章成千字文城南壹老生於神宗萬歷之朝泰歲在東冠厥水德秋月將終圓魄既過雞鳴育躬伏念我呂實兆皇農四嶽作相貽慶淵淇唐虞夏商並沛殊庸入周佐運及明增榮祜緜世廟篤啟上公承帝曰都政府效忠綏邑鈞稅黎賴答功易名文安存問重封嗣君最賢仰惟大父抗節當官巾輶遵路乃若嚴親英姿逸倫筆精墨妙稱王右軍雲林畫意達夫詩人夙耽典籍積困轉欣義方淑男祿養罔聞滿牀落紙深罪賤身伯長坐隱謙睦寂雅二叔早晦奉祀并寡輕背家慈侍御令女廉惠戚莊恬慎約處孝姑克敦理務詳矩鞠愛紛疲殆極遐舉恭靜漢甍奄化藏邙祇盆拱對貌皆夕陽艮辰奏音和樂盈堂散多聚少致甚悲涼自傷章成束髮拜師孔孟要指左史訓辭湯銘武箴楚語韓碑傍抽廣布熟玩新知頗得因緣冬暑矢隨虛工制藝經論表策仕使匪宜設帳食力退誚獲徵載馳營給始也荷囊建業是逐幹駕驅騾弔彼故國佳麗騰輝洞心駭目列壁垂裳浮圖映谷河流躍曠聖殿道煌舁蒙

尊岱瞻悚步翔謹陟燕巖京洛隸焉百職庶尹輦轂星連
陛服衡宰濟美侈宣禹稷伊傅旦說庭堅杜丙魏房合讚
馨懸衣祓郡縣光燿簡牘煩收縡綵五羊更尋池珠翠羽
珍草赤禽復適永嘉華蓋離立丹宅靈崑冥翳煒射羌郎
厭止省下皋亭鉅海納芥遥岡接青西子澄眺孤岫露淩
登善舊居嘯詠寐興比晚投閒改求攸欲磻釣寸絲猶引
鑑曲踐宮晃臨霸猷疑燭摩碣橫廊李斯嘗續門牆幾毀
每矜信宿志盡假歸顛纇霜飄寶牒染垢陳薪辨勞場丁
杷釋幃妾纓彤蘭根翦甲桐葉疏條渠鱗吹雨石獸驚霄
荒楹傾舍跡際慮超茲幸息機俯領塞口鼓無弦琴飫如
糟酒植不果園稼非黍畝笑顒寵辱泰號莫毋浴日樓中
孰爲眞有魚鳥性情土木形骸聽松面竹近荷陰槐忘眠
滅火勸景讓杯紫薑素筍甘鹹市催淡漠去累肥飽勿個
慕古願見劍俠仙才位分嫡閨嵇阮亦陪富貴爵賞熱想
已過銀壁羅綺笙瑟優俳體外物耳寧用誠哉結盟環宇
金昆玉友兄事任顧階張絜守高士鬱寓義績蒸宙卿等
觴切黃趙茱首思遠而康聲伐並茂雁行者肆云亡獨後
密邇漆交仁默聆受匡晉出羣妍招夜晝戶內習悅陶懷
古于律與治平器利陞阜從游諸俊率推會稽鳳儀振垣
棠歌動地次則福州敬誠特異通席貞飭具謂能弟婦鍾
沈量咸俗所難車紡助讀勉遣飛尤感軻解慼豫審飢寒
取稼充膳察色常歡賓僚藍造筵盛暢餐谿毛薄祭枇潔

可觀奈牧駒犢竟竭盤桓兩兒弱陋競攝畏塗談豈阿戎恃惟羔愚資糧曠闕委頓莜梧氣扶且執莽斬操誅別號餘民巧短賜直磨驢譏弊飄鴟恥逼扇淸紈溫書田貢稿箱橐墳起懼發寫刻溼滑好惡敢侈規尺璇弁璣組潛野必黜勒兵捕叛假學巨賊盜譽唱禍刑施誰惻白法調象玄言屬龍定禪修命正的本同烹沙索飯杳邈寥空道基禮履秉據端容時平弗再其往似川曦昃照虧入九來年集此千字初靡足傳主臣惶恐何以謝天

弟叔倫字漢崈少遊餘杭受業於黃道周道周沒叔倫與何瑞圖守其遺書隱大滌山中炳燭齋遯士傳參餘杭縣志

陳應龍避亂攜子姪二人匿四明山賊追之度難兩全曰吾不忍弟無後遂棄其子人皆義之乾隆府志

譚宗初名立卿字九子後更今名字公子晚號曼方野老性孤峻不妄交人遇俗客輒面壁坐非其人雖厚幣亦卻精於六書好塡詞善鼓琴工篆刻黃宗羲稱其豪宕不羈

所著詩文俱有師法後卒於揚州著有南征雜詠曼方初集乾隆志參姚江詩存傳

翁遜初名月倩字元美後改今名字祖石先後依黃尊素家二十餘年嘗授黃宗炎句讀工爲詩南宋詩人翁卷以葦碧軒名集遜慕之遂自名其稾曰後葦碧軒一聯半句奪人目色黃宗羲稱之黃宗羲後葦碧軒詩序乾隆府志遜工山水爲人磊落不羣任情詩酒瀟然塵垢之外

諸來聘字九徵初名學聖明諸生博覽羣籍陳子龍官越極賞愛之尤嗜古重氣節居邑之第十堡搆昌古齋藏書萬卷與符如龍諸如錦周肇修諸奇士結社互相砥礪名動四方崇禎十六年特徵以父死不赴著有精思樓詩集

東山志參姚江詩存傳

鄭光祚字四維遷居秀水善天文明末隱居梅花涇友人招赴鄉試作老女辭見志授徒教學不履塵市自號碩果山人年八十卒子典字子韶孝友工詩著廡下吟幽湖集嘗有廣陵古蹟詩爲新城王士禎所賞嘉興府志

韓孔當字仁父沈國模弟子其學以致知爲宗求友改過爲輔其教學者舉孟子告景春語使人有壁立萬仞氣象國模沒後書院輟講康熙八年孔當主院事居貧長約儉衣齋粥終身不改未嘗向人稱貸痛近世吉凶不遵古禮風俗儉而物力殫曰志聖人之學須從立身處家始出陸梭山居家四則命各書一通曰能做此亦自足用不必見

紛華而悅也卒年七十三乾隆志

俞長民字吾之明崇禎九年副貢受業沈國模與韓孔當邵元長稱入室弟子甲申以後即捐棄舉子業繼韓孔當主講姚江書院每語今之半霖昔之河汾也諸生有能爲董薛房魏爲萬世開太平者乎此沈先生志矣卒年八十六抗言高志學者稱珂雪先生乾隆府志參續姚江逸詩傳

鄔恩武字望隆母陳年十八而寡恩武奉侍惟謹祖母有錮疾恩武衣不解帶者帀歲將客台州母曰台州魚鰢鮫最佳歸可攜之至台即遣人遺母母已長齋及歸懸魚依然恩武遂終身不食鰢鮫一日早涉得遺囊待至日中兩人號呼至曰白金四百二十貸自宦家以爲商本失則命

與俱盡恩武還之客台州夜火朦朧中有以一篋授者恩武藏之平明有一人哭云一家性命繫篋中倉卒不知授之何人恩武曰吾昨夜一篋豈君物耶發之黃白爛然其人願分其半爲酬恩武不顧而去子景從自有傳乾隆通志參府志三祠傳輯

姜廷梧字桐音一洪仲子姿度絕異爲文穎脫而出日求儒雅士以高文遠韻相酬酢陳子龍司李越郡一見相器重黃道周誦其詩謂一洪曰君終爲陶桓公家有潛矣一洪殉明廷梧遂日放林臯絕意仕進娶祁彪佳女賢而有文每相與倡和廷梧詩久益工將卒尚賦長律二十餘篇康熙志浙江通志文苑傳廷梧長於詞賦聲噪江淮間姚江逸詩傳越中之詩自桐音二三子唱之其風一變

晚又刊落模擬趨於於平淡又一變焉

史在朋字晉生號鹿園少爲諸生受業於黃道周時道周方祭告禹陵在朋以詩文爲贄道周器之曰今杜牧之也賦詩贈之後以志節見重鄉里姚江詩存傳

蘇和鷟字丹生號拙巖元璞子幼有至性年十五母病甚籲天刲股和藥進之立瘳其後母患痢思食瓜醫苦禁之不敢進母卒遂終身不食瓜每瓜時輒淚下初和鷟父元璞建姚江書院祀王守仁以諸弟子配每朔望伐鼓儆衆講習聽者嘗數千百人元璞沒和鷟振其墜緒請黃宗羲爲都講規畫措置秩然如經始時嘗注過庭家訓詔子姓畫之所爲夜必書之族有不才子久見絕於父和鷟召與

共食乘間爲陳大義及情之不能自已者垂涕泣道之其人忽以顙搏地曰吾不可以爲人嗣是父子如初二子滋怵滋恢俱進士滋恢自有傳乾隆通志

邵廷采字允斯通志作九思乾隆府縣志並誤作允思號念魯幼失母祖母孫戒之嚮學九歲讀史卽操槧爲徐達常遇春傳祖曾可偶舉宋儒語語之廷采輿曰其人安在願得而師之祖以爲有志使從韓孔當講學於姚江書院既讀劉宗周書益有得河間李塨貽書問明儒異同廷采答曰致良知者主誠意陽明而後願學蕺山其自信如此生平嘗欲復封建行井田改學校又嘗謂　朝廷開史館宜先正前史去宋齊梁陳北齊魏周書存南北史廢三國志用季漢書又元

人修宋史於儒林外別立道學廷采欲并道學入儒林曰吾道一貫文章經術何者非道而以此立儒家標幟乎所至以筆墨自隨求宋元以來遺民軼事爲記傳以傳之於勝國懷宗末福唐魯桂禍亂頻仍起末了了爲人嚴重有威儀望其進趨知爲有道人也所著書見藝文翁翔麟撰墓志銘參朱筠撰墓表萬經撰傳章大本書傳後

姜希轍字二濱明崇禎十五年舉人順治初補温州教授攝縣事以破海寇陞元城知縣鄰郡饑流民蝟至時逃人令嚴無敢收者希轍悉留之令墾荒地受僱得食全活以萬計擢戶科給事中陞奉天府丞乞養歸服闋不起希轍曉暢廟堂典故爲諫官所論列多持大體及家居郡中利

害必白當局不避嫌怨老成宿學若黄宗羲蔣平階毛奇齡輩皆館於家論文講學主盟藝林四方之士趨之乾隆通志參嘉興府志

趙一桂順治間爲沔陽州同知殉難康熙七年　詔贈沔陽州知州　遣官致祭湖廣通志

俞聞夫字文齊介曾孫祖節父國器並諸生著述甚多人稱長者聞夫生時母夢峩冠玉佩者入室旣長美鬚髯修眉儀表偉然以屢試終躓去之燕族某病卒旅次無以斂聞夫貸貲斂之且攜其柩歸又之楚黄所居鄰終夜哭甚哀比明詢知爲鬻妻償逋聞夫傾篋還其原値夫婦感泣願爲傭聞夫不受後居家有客兵駐姚驕横邑人患兵亂以

聞夫家近防將營可恃爭寄財帛不下數萬金後兵果亂聞夫家亦受劫無復絲粟存者而聞夫先以所寄遂藏別室事定出所寄歸之不遺一物居恆施貸無虛日排難解紛不念舊惡卒年八十一仲子嶙字仲高順治十五年進士知廣東從化縣甫下車即刊布陽明文時平南分藩欲開銀礦嶙止之有奸棍串營者嶙立斃杖下盜寇充斥設法守禦橫者捕殺之民得安堵又立月課振文風民祀之同學張鳴皋貧而無子嶙爲之繼粟繼肉者垂五十年絕無德色張亦無媚容著有沐雅堂近體粵遊草行世史大成撰行狀參廣州府志續姚江逸詩傳

孫藉滋字公樹博贍經史順治五年　恩貢知廣東樂昌

縣八年十月一日奉檄試士峒賊曹志建乘閒攻城籍滋身先士卒率弟籍沆并家屬二十二人力拒賊被執不屈並被殺屍悉燬事載樂昌縣志籍沆字公靖諸生乾隆府志

鄒景從字嘉賓恩武子順治六年進士除行人遷職方主事筦督捕逃人捕司故明鎮撫獄地卑溼囚多瘐斃景從捐俸改治陞戶部郎中出視河南學政甫至擢按察使犀心平反開封自流賊決河城衢壅塞景從相度形勢修復古道民便之按試各郡以部胥侵盜事覺詞連景從去對簿事得白以僉事分巡雲南永昌道兵燹後姦猾竊發景從縛渠囚俞起元等置之法鄰屬魯魁山土司楊宗周素桀鷔總督屬景從兼治之景從曰苗猶獸也不可顯示威

乃諭以理即款服廸東帖然年七十歸一載沒康熙志

周勝驤字龍如順治八年任陝西長安縣典史康熙初吳三桂叛　詔遣守臣招降加勝驤知府銜使至關叛將欲屈之抗聲大罵被斬折足而死事聞　贈西安府經歷廕子鉅入監三祠傳輯

張之楙字侶嘉號屺雲順治三年舉人由錢塘教諭升廣西陽朔知縣邑故凋敝當水陸衝軍興輸輓飛騎羽檄不絕之楙清畝均稅招亡課稼民賴以蘇城郭學舍次第修整部額歲增胖襖百餘兩請倣靈灌二邑津貼例得允行巨盜廖明亮負固菁峒計殲之獞俗不習文教雜處相呼嘯之楙騎羸馬出入招徠宣示　朝廷威德選材飭武秀

者升之學踰年風化大行遷湖廣桂陽知州大猾某招納亡命橫行鄉里立置之法土寇蜂起州境殘破悉心撫字流逋四集少與張九徵善守桂陽時九徵官京師以貂裘遺貴人爲營遷擢之楙曰是不知故人也遂與之絶歸家十年足不出戶邑令胥庭清嘗造謁以柬答之其剛介如此張羲年撰傳

邵葉槐字泰岑讀書一目數行下博學喜談兵爲越中七才子之一順治六年舉人授鎮海教諭値海氛未靖將卒驕橫多慢士葉槐見總兵常進功論及海防策援古證今極其詳確進功作而言曰先生我師也從此敬禮諸生悍兵皆歛戢葉槐藏書甚富多載至署與諸生日談經史廣

所未備士風丕振陞杭州教授以卓異薦鎮海志

陳祖法字子執順治八年舉人除石門教諭遷祁縣知縣丁艱服闋補齊東擢知晉州以詿誤歸所至有清名喜成就後學歲以四季試士必豐其肴饌閱文必手定甲乙以次厚贈之罷官囊無長物布袍草履蕭然自得山東西文士咸頌之乾隆府志

張晉字康侯順治八年舉人授慶元教諭性寬和有盛德以文行訓士病卒諸生哭之皆失聲士民醵金合賻旅櫬始得歸處州府志

孫光㬎字丹扶順治八年副貢知稾城縣得縣人石瑤邦彦別集遺稾重刻之嗣聞真定梁清標家藏有全稾復購

得續刊合爲十卷淡於仕進丁內艱歸不復起工詩尤長擬古其神合處雖江淹未能過之四庫總目集部參輶軒錄補遺

戴錫綸字絲如父廷曜諸生讀書虹橋聞哭聲詢爲償債鬻妻出資代償完其夫婦錫綸順治十二年進士官羅定道康熙九年分校禮闈識拔皆偉傑太倉王掞鄞黃斐其尤著者輶軒錄補遺參乾隆志叢談

楊煥斌父愈椿鄉稱長者煥斌少時游學省城歸遇八十老嫗爲貿布者所紿持假銀泣煥斌盡捐館穀與之順治十二年中武科進士官侍衛請假葬親道經嘉興適地方兵民告訐力爲排解事遂息乾隆通志參三祠傳輯

聞人炳字蔚文家貧業儒過知倉橋拾遺金五十餘兩守

候良久一人踉蹌至蓋里長催糧代入官者且言內有一包里媼所納東以紅綫驗之果然郎還之館北鄉歲暮歸舟次聞哭聲甚哀詰之曰豪家索債迫鬻妻以償故相訣耳炳出橐脯金贈之得完聚後子陞官光祿丞迎養不可寄奉薪水資炳輒捐葺文廟復以其餘周濟貧乏陞亦慷慨好施有父風乾隆通志參三祠傳輯

謝文字同書倜儻尚志節善騎射順治十六年武會試第一充侍衛授都司出守莊浪衛調征郝劉諸賊賊平擢臨洮游擊莫洛經略川陝題授副將委以前軍事統兵入川擊走叛臣王輔臣偽總兵王好問已李國棟內叛招文文瞋目大罵曰我豈從汝反者率孤軍力戰射傷賊數十人

矢盡麾下散文短兵接戰又殺賊十餘人賊用長刀斫之中肩死　贈奉國將軍賜祭葬廕其弟文鎬守備乾隆府志

張兆炳順治間擒鄱陽賊四十餘人授都司擢湖廣副總兵作文不具稾暇即吟嘯自適乾隆府志

朱啟彪字開之康熙十三年耿精忠叛自閩直犯浙東邑山寇襲萬里據大蘭遙應之啟彪以練長迎擊於怪溪遇害事聞表其閭三衢傳輯

桑天顯字文候年十三喪母父患反胃疾乃棄書治生以養臃肉為糜或鎔羊脂以進百方求所以宜胃者父病延數歲始卒聲聞里閈有語孝行者必曰何如桑郎小壽或父母訶其子不順者必曰獨不聞桑小壽之養親疾耶小

壽其小字也康熙十三年耿精忠反連海寇犯浙東海壖震動咸團練推天顯爲團長辭以少不聽乃率衆誓於始祖仲才廟仲才名憲保事蹟詳祀典曰吾祖有靈必祐我然非賞罰必信不可皆曰諾一夕寇果至率衆往拒見神盛服立馬交衢賊大駭不戰而散竟事無警聞其才者欲延入幕府或請受武職謝不應試治醫方遊錢塘寓居焉治疾奇中有求必往生平以去邱墓爲歉歲必歸餘姚省事歿後其子調元遵遺命葬於餘姚之大塘南廟路港穆堂初集乾隆志原案天顯以孝行被旌其旌門錄由錢塘諸生籲學上請孝子坊建在錢塘則應入錢塘縣志無庸複見餘姚志矣及考其墓誌乃知其生長餘姚以韓康之賣藥往來武林不忘故里死而得遂首邱之志是不得因其子之著籍錢塘遂以爲非餘姚人也

鄒錫仁父興言諸生以思親得狂疾每病劇寢食盡廢錫仁扶持調護十餘年無虛日會歲旱興言自稱能禱雨弃而出不知所往錫仁偕兄迹之無蹤慟哭歸乃議分途他訪其兄過豐山見父屍依樹危坐肉已朽急具棺埋山麓事畢錫仁至弃葬所痛哭一晝夜求筆札爲書言當從父地下屬其兄娶妻生子延先人祀還家投書門外即渡江往南山拜辭母墓返至縣署前高橋大呼躍入江中其兄倉皇索之得其屍橋下神色不變怡然若有喜容知縣康如連欲上其事恐爲例格不果乾隆府志

史在官字二俊一字紀雲康熙五年舉人知廣東新寧縣經術湛深尤精易理公退之餘即事吟詠神韻淡遠居官

多惠政粵人士頌焉輶軒錄補遺參姚江詩存傳

徐培明字因之孝友端方每歲終收檢枯骨助棺埋之年八十舉鄉貢邑令潘書仁壽字旌之三祠傳輯

徐景范字文亦號正庵康熙五年舉人官中書少受業於韓孔當穎悟過人孔當方之徐愛讀書西陽寺距家四十里許五日一歸省暑寒無閒親沒家人延僧諷經至夜分景范登壇泣誦蓼莪詩一章哀慟過情聞者爲飲泣生平不妄言動應禮部試舉主密授關節頜之闈中偏搜無所得出問故則曰偶忘之其後復然舉主赧服在都中與陸隴其李光地講學紹述陽明之旨嘗曰今人以文章爲謀利祿地小小進取便盈滿小小屈抑便隕穫所謂讀書明

道者何在後卒於京邸著有四勿徵錄八卷學問偶存四卷五經疑二卷紀史八卷正庵詩稾四卷藏於家三祠傳輯

蔣茂洸字研公康熙十四年舉人家世通顯自守謹約於義利之界判若黑素授鎮海縣教諭至任即以律身者律士居里者居官諸生接見浮情躁氣都消三十六年應聘爲江南同考官所得皆名士鎮海志

袁繼善字果庵父咸孚順治初補鄖陽都司四年守將王昌等叛咸孚不從罵賊磔死繼善時居天津爲順天府學廩生徒步往返萬里迎喪歸十年不求仕進康熙八年
仁皇帝幸天津繼善以父死狀上奏聞　詔褒䘏如優例
兵部議廕繼善守備　召見以繼善文人奏對稱旨改文

官十一年補桂陽知州桂陽屬境自康熙初始定禍亂民人承新澤休養生聚賦輕徭省思安耕作號爲易治而廣東鹽運使以商課虧缺妄稱郴桂引地積滯民通私鹽部議令二州入縣官立限督銷州縣官被議奪官道路相望皆抱印愁歎不復問民事綱紀散弛繼善至料鹽課至少州民皆食粤鹽粤商利至厚即二州積引不至倍蓰所食謀發其奸當是時廣東巡撫旣入鹽商言奏行湖南巡撫嚴旨切責自司道以下莫敢異議又院司道府胥吏皆納商賄州縣一枝梧坐罷黜更易牧令反掌耳繼善廉知粤商勢甚張其所稱積引虛妄詭言自謂楚吏聞風膽落矣遺數傖坐星子埠日飲樂殊不論行鹽事繼善一日平

且命輿馬言往南鄉涉臨武界止宿召州中及三縣糧里機警能者隨輿行直入星子埠張蓋鳴鉦傳呼排門埠商出迎繼善好語曰桂陽州積引不銷鹽一千八百七十萬斤今知州率四屬耆民及臨武縣令來領銷耳鹽店幾家鹽皆安在繼善躬入數之盡出其鹽乃有十餘萬斤粵商窮沮又言鹽皆存連州繼善曰吾今隨爾至連州運鹽即挾粵商行至連州悉數城内外存鹽無千引連州知州同在埠場默默不出一詞而州中民素以鹽受追呼及聞知州驗鹽多空手隨繼善自星子至連州常數百人皆大喜曰今日脫禍矣繼善乃具通詳稱無積引偏沅巡撫盧某心慊繼善不請而往無以難之猶下檄責繼善不具實數

上詳又未言會同連州繼善再齎册上巡撫亦未肯言粵商詐妄詭言桂陽戶丁銷耗請減五千引而已粵商總運如故繼善患官吏反爲商左右於是作粵鹽議及所上詳文載之州志具見貨殖傳州人感繼善大德凡所設施無不稱美下令如流水矣其爲政大抵本儒術州中秩祀咸修如禮典遇災輒捐俸助振州民藻飾好義自其教也後任爲豐城袁守定其政一如繼善州人稱兩袁毋焉桂陽縣志

徐沁字氷浣博通經史善考證康熙十七年薦舉博學鴻儒不就退居邪溪著書秋水堂有越書小纂三晉記行墨苑志楚遊錄謝皋羽年譜兩浙輶軒錄參乾隆府志

景王祐字西齋諸生屢躓於試入京爲滿洲大臣某家教

讀會

聖祖因羣臣有滿漢之分　詔閣部大員各進奏議某屬
王祐代擬援筆立就中有普天王土率土王臣語大稱
旨某以王祐名對　賜州同知銜留京十餘年歸康熙二
十九年邑大水王祐出米四百石振饑知府李鐸旌其門
子輝字伊仲好聚書建東白樓積書至數萬卷尤長於詩
與陳梓汪鑒謝秀嵐相唱和世比之商山四皓著有懲羹
錄蘭心編海村風俗記東白樓文集沒後燬於火詩集二
十四卷藏張敷榮家

高華字視公號西柱康熙十六年舉人考取內閣中書族
有貴官居權要許以鼎甲華不應遂歸未幾選授江西星

于縣以清操著後歸年八十卒五世一堂世多榮之蕭山志

孫文光字樸齋康熙間由戶部郎中出爲廬鳳道慈惠有政聲年七十致仕遂家金陵姚江事蹟

陳元字遴三號古愚少孤貧力學康熙二十七年進士初知湖南平江縣署左有靈官祠凡莅任皆先謁祭元以非祀典不往未閱月署有盜僉謂靈官示警元曰信是靈官爲盜媒矣法當斬姑予捕役牒投諸祠限五日獲盜貸之不者撤祠毀像期內果獲盜治平江三載課最　賜蟒衣一襲擢思州知州引　見再　賜蟒衣一襲補江西吉安府同知尋擢刑部員外郎五十三年主考河南終貴州思州府知府著有蕭山文集行世蕭山志

勞史字麟書世爲農少就傅讀書及長躬耕養父母夜披
卷莊誦年十七讀朱子大學中庸序慨然發憤以道自任
舉動必依於禮讀朱子近思錄立起設香案北面稽首曰
吾師在是矣常自刻責以爲天之命我者若君之詔臣父
之詔子一廢職即膺嚴譴一墜家業即窮無所歸可不愼
哉讀易有疑不能晰輒仰天籲朱子曰夫子牖我久之觸
處洞然其論學以爲始於不妄語不妄動極諸至誠無息
接後學委曲盡誠雖傭工下隸皆引之向道曰盡爾職分
務實而行終身不懈即聖賢矣勿過自薄也聞者莫不爽
然三祠傳輯禪人樸實盧氏子以參叢林往鄞乞送行序史曰女昧身所由來甘心二本吾不强責汝爲儒盡歸而爲父母之子乎僕實聞之泣下里中負販者不忍貨僞物爲兒牧童或

折葉嘗繳毀機穽有鬬爭者咸就質往往置酒求解門人桑調元自錢塘來謁論學數日將別送之曰吾壽不過三年恐不復相見行矣勉之居三年九月語門人汪鑒曰不過今月吾將去矣遂徧詣親友家飯與老者言所以教少者言所以學已令家人治木飾後事晦前一夕趣具湯沐浴更衣移榻正寢炳燭宴坐如平時旋就寢明晨撫之逝矣年五十九子廷鉽有學行能食貧居喪不受賻先正事略乾隆府志上虞顧氏藏書數萬卷史三載卒讀之

汪鑒字津夫隨父宦滇南父卒於官鑒扶柩歸至漢江遇大風舟且覆鑒憑棺號哭誓身殉忽風回得泊沙岸乃免眾呼汪孝子爲人矜尚志節受業勞史史誡之曰英氣客

氣也其學以鎔之勞史沒鑒賓左右爲詩及萬首桑調元摭其百之一輯爲津夫詩鈔先正事略勞史傳參桑調元津夫詩鈔序陳梓四然道人小傳鑒從勞史遊悟道得四語云自然者道當然者理必然者勢偶然者數因號四然道人

陳梓字夷公海寧州志亦作俯恭一字古民乾隆府志亦作古銘性介特絕遠聲利於書無所不窺工古文及詩行草直造晉人堂奧尤善識別漢魏以來金石彝器之屬足不至京師而名動公卿北地李錯作生壙盤山介海昌祝貽孫數千里投書求爲誌梓應之并答以書錯欣然曰其文傳字亦不可不傳并刻之自此書問不絕然終不謀面世謂之神交雍正元年舉博學鴻儒明年舉賢良方正皆不應舊家臨山後居嘉興之濮院垂老還里蕭然一身絕不爲意北鄉胡氏孝

友家也館之筠谷園遠近有志者翕然師尊之梓亦若得所歸者曰是足老死矣自製壙銘埘身埘棺法式皆其手定悉遵之著有定泉集等數種乾隆府志參張羲年撰傳海寧州志梓體究宋元以來諸儒之書渡江求友溯水吳晞淵硤州張朝晉方講洛閩之學年長於梓幾倍皆折節引爲畏友與邑人高許棟及晞淵弟子夏崧切磋相善所養日粹尤長古文辭遇人一善亟亟表章於友朋存沒聞流連愷惻讀者歎爲性命交書法參顏眞卿米芾晚學右手能操左筆

黃光溥字悅旦五歲失恃父業蠶鹽客湖州久不歸光溥年十六渡錢塘指西塞山蹤父所在遇於市肆驚且喜遂俱歸繼母病手治湯藥脅不帖席者累月夜夢神與二桂圓曰服此勿藥有喜翌旦有貿桂圓者至取數枚入室出持錢與之則無蹤矣母一服而愈人咸以爲神吳大本黃氏世孝傳

邵向榮字東葵號餘山康熙五十一年進士候補中書改就知縣旋念母老改授定海教諭先是制府李聘主蓮池書院至是又主定海書院文教大興增膳田定學則奉委查勘新墾田又委查慈鄞積欠俱風清弊絕丁母憂服闋補鎮海定鎮弟子員畢集向榮揭白鹿洞學規隨才造就督學鄧廉其實謂不愧經師人師梓蔭山側有純陽閣故士子文會所爲僧竊據請於令詳改書院其所措置咸備鎮海於是始有書院鎮縣志自前明至是湮廢二百年又改定海爲鎮海分昌國衞爲定海縣事易牽溷向榮首倡纂修邑令王夢弼慮已從之訂誤補遺人以爲名筆辛未無年勸振督散民皆德之年八十歸士民攀轅泣送諸生

祠之奎星閣下張羲年撰傳參鎮海縣志子佳銳自有傳

邵坡字兼山幼慧初能言授孝經輒成誦五歲而孤哀毀如成人稍長讀書目數行下嗜古而潛心濂洛關閩之學文有根柢與仲兄向榮並受知學使姜橚時方苞在幕驚爲金陳後未見其偶康熙四十一年舉於鄉明年會試本房以第一人薦總裁以微嫌出之則之晉徧遊雁門雲中弔古戰場望平沙千里藉以壯其文瀾遭科場事連逮先是坡嘗館查氏京邸三十五年查氏子挾坡文就試冠北榜衆譁然詢其文出自坡坡方在晉向榮自首詣獄捕及家屬伯兄元榮亦自詣獄坡至而後釋伯仲當坡入獄時方苞以黨事先被繫相見大喜曰我識君久見何晚也在

獄中又何奇也對酒誦坡文又詢近作奏一篇輒浮一大白縱論古今成敗得失定爲性命交國法過出無心當獲宥然竟被黜自此益徧交名士若金壇王氏宜興儲氏無不傾蓋杜門著書倣顧炎武日知錄考諸儒異同辨注疏當否自唐虞迄明四千有一年之盛衰升降典章文物靡不融貫後

聖祖臨朝問廷臣曰知有邵坡其人乎令來京衆驚爲不世遇坡亦感激擬條奏十二事會

聖祖升遐遂寢前後主蕺山書院多所獎進黃叔琳撫浙數相問有豪右進五百金求關說坡力揮之卒年六十九張羲年撰傳

蘇滋恢字茂宏一字耕餘和鷺子康熙五十二年進士官杭州教授十餘年啟牖風流聲光日起相國方巡撫浙江器重之延主敷文書院造就人材後先鵲起梁詩正陳兆崙孫灝其最著者其歸也自製一棺題其上曰長物不攜些子去一龕秋雨讀殘書輶軒錄補遺

沈莫尙字禹聲號金城康熙五十九年舉人授嘉興教諭品行端潔課士嚴而有法嘗捐俸挪建尊經閣邑人士助成之學制大備輶軒續錄參嘉興府志

丁履泰字儆復知臨淄縣罷歸斥俸餘購經史終日校訂室人交謫不之顧乾隆志叢談引李志

邵洪慶字積之諸生卜居四明山買楊珂舊業樹桑栽竹

鄉人樂助其力淇慶必倍酬之鄰里疾病與親族不能嫁娶喪葬者淇慶悉周之乾隆志叢談引李志

施泮字宏開捐給竹溪三都孔道以便車徒中連滔河劃田築墩以砥水又建宏福庵於其上乾隆志叢談引李志

徐大岳字紹渠事母極孝見遺不拾推重賓筵乾隆志叢談引李志

余學詩字雅人好義感閭里子復亨童試冠軍張悰見而奇之歸以女學詩有弟出繼而亡其貲復亨修脯所入兼養之年五十登順治十八年進士壽至八十乾隆志叢談引李志

馬咸允號季通爲諸生不得志習天文兵法地理尤諳內典程法孔高尚自矜早罷公車館穀終其身乾隆志叢談引李志

案今志不立叢談一門凡乾隆志見叢談者概爲立傳丁履泰以次六人年次失考併立於此

鄭世元字亦亭寄籍海寧案輶軒錄作嘉興籍雍正元年舉人博綜羣籍一發之於詩思沈格老得少陵家數有南征北征諸草耕餘居士集二十卷作書道古似晉唐間人國朝別裁詩

楊在魁官山東濟南知府雍正五年歲歉在魁請於巡撫先發粟而後奏聞擢濟東道未任卒乾隆府志

翁運標字雋工父瀛廩貢生以妻兄鄔某知廣西恭城縣赴其約夜泊祁陽之新塘失所在舟人大索不得報其家并返其行篋扃鎖如故而失其鑰時運標甫三歲兄運槐八歲招魂葬父又三年母亦卒運槐年十三禱於神有意外得生還語三卜三兆則徑走桂林柳州間彷徨無所遇以病歸姊迎泣曰孺子萬里獨行遺一小弱弟獨不念母

氏嗣續之望耶運槐乃飲泣家居焦身苦行課運標學運標稍長愈發奮欲尋其父姊又持之雍正元年運標舉進士旣而兄弟各舉子甫三日遂決然遠行復禱於神得前兆兄弟爲零丁歷楚粤豫章匍匐萬山中更兩年無所遇乃榜一舟曰餘姚翁某尋父溯洄衡永閒又半載一日泊新塘遇士人鄭海還言三十年前其弟海生失足溺水格敗葦得不死視葦閒有已溺屍身佩小鑰囊因瘞之白沙洲存鑰囊爲識乃遣急足證鑰於家以啟篋牝牡脗合囊故其姊昔年手製以奉父者始悟生還之讖實應鄭氏兄弟名遂號泣啟墓扶櫬歸仍於前瘞處留封樹焉時雍正五年八月人競稱翁氏兩孝子云運標初授桐柏知縣多

惠政縣人爲建生祠聞兄運槐病甚即引疾歸兄卒制服逾年乾隆八年知武陵縣左道莫少康蠱里民將成大獄捕置之法被誘者皆得釋有兄弟爭田親勸之坐田野中忽自掩淚人問之曰吾兄弟日相依今來武陵吾兄已不及見矣偶思吾兄是以泣耳訟者爲感泣以其田互讓又有兄弟爭產其兄父收養子也父沒弟少分之田使别居兄不自得以狀白中有亡父嗜酒得疾語怒其暴親惡咎之仍召其弟數之爲劃其腴以畀兄又有失金指爲父所匿反覆鞫詰其父終不加以刑或問之曰以子證父脱有誣天性之恩絕矣後廉得實果黑夜爲他人攫去而誤以爲父也唐子聘張女貧不能娶張賣其女唐訟之運標察

張亦貧甚賣女金久耗矣爲出貲贖其女歸唐邑有衡人業纖者鄉有重囚亡命來主其家不知其囚也及憲檄大索而亡命者逸矣運標第令業纖者導之往迹而得之不連坐康鄧二姓爭湖川之利鬬殺不已積訟數十年運標勘其地曉譬再三終不服會大雨二姓請少避曰汝輩爲一塊土世世罹重法不顧予何愛此身爲二姓感動乃親爲畫界自是息訟且相和好邑東長樂村沿江亙長隄舊築石櫃衞之年久傾陊爲患德山石塔明學使董其昌議建亦就頽形家言頗以爲病附郭鄉無書院運標喜課士每就僧舍設講席輒用蹙頞於是大集邑人士籌畫興剏不數月三大工次第告成人稱其隄曰翁公隄塔曰翁公

塔書院曰翁公書院乾隆九年冬十月不雨至明年夏四月田皆坼無播種者運標禱跪日中膝爲皸瘃面無人色猶不雨聞邑北龍門洞禱雨有應乃窮晝夜步至其地絶之入取水蹣跚歸大雨立至遠近數百里胥霑足歲乃大熟邑人爲繪圖以紀大吏交章薦擢知道州道州路通郴桂山徑仄峭壁峙千仞下臨深溪行旅危之運標割俸倡捐鑿險八十餘里成坦途歲大疫爲文告城隍神自請罰無傷百姓並購方藥躬行邨落閒一一審視或以傳染爲慮曰我爲此邦父母子弟病忍不一顧耶時永郡死亡甚多州境獨得全活年六十以勞瘁卒於官州人立祠祀之與武陵並祀名宦湖南通志參武陵縣志先正事略

陸獻猷字仲嘉性剛直雍正四年副貢初署宣平教諭倡捐俸銀重修　文廟嚴整學規士知禮法改授景寧訓導並有聲處州府志

徐堂字雲五號桐江諸生博學工吟詠與同邑翁運標鄒嶙陸烈友善歌詩唱和無虛日後運標等宦各省堂鬱鬱不得志嘗彈琴譜猗蘭龜山等操卒年四十八著有桐江詩集姚江詩存

邵昂霄字子政幼穎異十歲能古文旁及琴弈投壺百藝尤長天文歷算著論甚多雍正十三年拔貢省試洪範五行聯珠獲雋者八人獨昂霄作爲奧衍西人測算之法本於周髀自中土失其傳西人改易名目以衍其術世遂奉

爲絶學昂霄通中西之術推測布算細析毫芒手制儀象西人見者咸服其精巧少日嘗遊江西黄叔琳幕取所藏直省郡邑志書續爲圖叔琳歎爲絶學歸應歲試得中西歷算全浙山川形勢論請連六卷萬言立就學使王蘭生奇賞之以高等食餼其後學使帥念祖按試金華昂霄方客蘭谿請與試述金華理學源流婺州分野形勝亦連八卷時未暮盡書之念祖稱爲天下奇士會舉選拔科遂以充貢自是歷就名公之聘福建將軍果毅公策楞見其天文地理兵法奇門諸説稱爲神人相見恨晚性孝友悉推所分祖產以贍寡嫂嫁二女姪如已出得館穀歸輒量親疏分周鄰里嘗客鎮海父病篤婦鄒氏刲股以療人稱其

孝刑于家乾隆元年以浙江總督管巡撫事程元章薦應博學鴻詞科報罷南歸復遊嶺南還沒於江西舟次遺稾散失其從子是枏掇拾殘稾張羲年序之謂學冠兩浙吉光片羽亦足以沾溉後人云邵是枏撰傳參兩浙輶軒錄詞科掌錄張羲年序

孫德浩少孤家貧教授生徒事母孝凡母所欲悉致之母死茹素三年二兄早亡撫諸姪如已出死之日聞者流涕郡守奏獎之乾隆府志補遺

高遴字次瀛號東城雍正中任湖廣辰州府保靖衛經歷其地商賈輻輳奸民謀串衙隸畜奸連艦謂之窩商偶墮其中即罄囊以去遴驅捕盡淨保靖自是無窩商患民勒碑以紀德滸山志

洪濤字靜瀾砥行績學馳驅南北不廢吟詠詩皆至性中語子枬字端柱官南海縣丞以廉潔聞亦長於詩太史傅玉笥稱其醖雅得唐賢三昧姚江詩存

蔣德謙字承之事母以孝稱力敦古樸有長者風鄰某偵德謙金一夕踰垣入思胠其篋德謙覺某不能遁以貧訴德謙憐之與金數兩令改業營生後其人業賈異地卒爲善良嘗收債歸道遇故人陸某貧甚向匄貸傾囊與之及歸室褚問金詭答曰偶失檢遺之道矣其篤誼類如此陳元撰墓志銘

陳向榮字雲來諸生徙居杭州性純孝羞甘扶杖十八年如一日後館江寧期來歲五月返臘月忽心動急歸時江

行有阻乃從孟河入南徐走險抵家父大喜歡笑如平常詰旦則溘然逝矣向榮廉正剛方喜濟人急自刻死期人咸異焉乾隆府志引杭州府志

史湛字德凝父錦舉人官濟寧知州湛隨任習吏事遵豫工例授山西猗氏知縣有循聲遷榆次丁外艱服除補湖北嘉魚調鍾祥鄰邑民嚴金龍為逆奉檄捕獲擢襄陽同知旋攝知武昌府凡通省難決之獄悉為鞫理荆州有巨案相國阿桂督理踰月未得報湛至五日獄成桂器其能專摺保奏自是賢聲徧中外楚省十郡積牘七十餘案悉以付之未半載盡鞫得實授襄陽府適教匪滋事廉得其首置之法復調武昌府踰歲荆襄鄖三郡土匪跳梁猖獗

蔓延至孝感距漢口僅五十里居民驚竄漢口與武昌中隔一江上官知湛素得民令出撫慰先是宜昌民有沈冤上謝得湛平反其人歸爲位於堂尸祝之至是匪至宜昌入其門顧而驚曰若亦知誦史公德耶趨出於是宜昌民爭立湛位位所在無敢犯者擢陝西延榆綏兵備道未至官湖督以湛事奏留署湖北漢黃德道匪竄陝乃之新任上游亦素重湛軍需事悉以委之釐剔利弊不遺餘力踰年以勞卒於官　贈太僕寺卿廕一子　賜祭銀入祀昭忠祠三祠傳輯參鍾祥縣志

邵佳鈗字穡安向榮子就傅時季父坡自京師歸教里中諦聽即能演說試之文振筆立就自是從季父學日進試

諸生高等補增廣生鄉試屢詘志氣不少挫居貧守益峻侍親疾不解帶者五閱月夜則究岐黃家言通其旨劑方飲之輒愈季父客會稽而病佳鈗在鎮海聞之疾馳往奉以歸隔曹娥江舟不能徑達輿轎登陸體不能展舒渡江再易舟又過兩壩牽挽上下病者苦煩不堪聞邪許佳鈗於陸行舁以涼牀施幕其上風日不侵過壩則爲號以齊衆力轆轤無聲而舟已進其體帖入微若此父既告歸佳鈗疏小圃娛之日求所嗜以進曲盡其歡論著之散見者皆輯成帙與季父遺書並藏之惟謹邑有介士徐君義不受人周母病佳鈗託言負其家金厚遺之後其母死又鬻田爲賻其勇於義類此晚喜詁易詩文偶一爲之多出人

意表子晉涵自有傳盧文弨撰墓志銘

餘姚縣志卷二十三列傳十五終

餘姚縣志卷二十三

列傳十六

國朝

施毓暉字揚華乾隆二年進士歷知阜城阜平南樂任邱寧武鳳臺等縣陞上思州知州護理南寧府知府卒年七十三毓暉幼孤好學性淡靜作宦二十年歸家風若寒素留心掌故為時推重知縣唐若瀛修志毓暉與焉施譜

陸烈字武功號柳園乾隆十年進士知河南新鄭縣縣故有興學書院廢七十餘年僅存遺迹烈捐三百金倡議規復眾懽趨之建屋六十間規模粲然有公田一千二百畝為歷任縣尹所私悉斥其租入歸諸院作師生膏火弟灼

字見三十歲能屬文爲名宿所器重以孝友名節自勵性愛潔嗜古書畫讀書每咯血不輟烈性豁達不事家產宦後貧如故灼能持家事以佐之張羲年撰傳

胡邦翰字渟環乾隆十七年進士知山西寧武縣閱九月丁內艱服闋改福建檄署建陽未帀月量移平和俗强悍習於鬬殺甚者抗官拒捕邦翰立分房設長法族大者置總愼選其人使專約束有犯者輕則自爲訓戒重則解官懲治其催科句攝皆責成之令行禁止俗爲一變重建文廟未竣調補彰化卸篆後留督成之時捐建向文書院已成復捌建九和書院旣渡臺猶勸和之在臺者樂輸寄和以蕆事平和自明正德十二年歲在丁丑王守仁巡撫南

贛始立縣文廟草剙至邦翰乃臻美備其莅任以乾隆二十二年亦歲在丁丑又皆以壬辰之歲生平和人因謂爲文成後身既至彰化立淸莊法莊爲設長族爲添房復親歷保十六社二十四莊一千一百三十四編查民番男婦一十六萬六千七百有奇去奸存良使盜賊無所託足相度地勢設望樓六百二十大小界牌二千一百印巡旗一千五十六令各莊社民番執械揚旗鳴金擊柝輪次守望失事則協捕獲解則起甲護送爲繪圖列冊以上大吏善之檄海外諸廳縣倣行邑有水沙連甲賦水沙連官莊田園千五百六十甲甲計地十一畝實瘠土也乾隆十六年奏報入官每園一甲徵粟三石田倍之輸官與交業戶等

歲徵粟五千一百餘石銀一百九十餘兩中有虛額貧民多逃亡其存者精力交疲舊欠纍纍官追比之鬻妻賣子瘐死自盡不一而足猶苦十年併追終難清款邦翰比例請豁計豁民欠舊粟萬五千六十餘石銀一千六百餘兩地三百七十餘甲復慮租額太重請比向納各減半別有尤瘠地二百一十甲按甲納糖廍銀邦翰念廍戶艱難議給餘地以二甲作一甲議上皆如所請喜曰渡海來不虛此行矣任彰化時署淡水同知半年一如彰化法歷任邵武寧化擢金門通判署永春知州興化知府皆有政績秀水金寅撰紀事文略

黃用賓字載錫五齡喪母哀毀若成人年甫三十有一子

而喪偶遂終身不娶孝行既高從遊者戶常滿出其門者五尺童子類能貫穿五經修弟子職年五十充乾隆六年拔貢逾二年卒平居事伯兄與久如嚴父其季弟遐九病痢劇用寶衣不解帶者彌月藥餌非手調不進親檢其廁牏污惡以驗差否其卒也貧窶士有哭失聲者張羲年撰傳

黄邦輝字一清六歲讀書至父母惟其疾之憂遂悟人子以守身爲孝乾隆十七年歲大饑家無儋石儲時父臥病牀褥母又患胃逆醫藥無資乃密屬老者自鬻於谷子韶家谷異而問之不答詰老者得實谷歎曰十齡童子計乃出此乃焚券倍値歸之由是孝名溢里巷谷遂妻以孫女二十一年母方胃痛鄰夜不戒於火邦輝冒火負母及弟

出母沒毀瘠盡禮夜宿殯旁枯樹生枝吳大本黃氏世孝傳

盧文弨字紹弓案盧慶鍾行狀紹作召號磯漁其先由姚遷杭父存心恩貢生應博學鴻儒科文弨初名嗣宗爲錢塘諸生繼由姚籍改今名援例入監中順天舉人考授內閣中書乾隆十七年一甲第三名進士授編修二十二年充丁丑會試同考官　上書房行走明年署　日講起居注官陞左中允翰林院侍讀二十九年陞翰林院侍講學士明年主廣東鄉試三十一年充會試同考官督湖南學政三十三年以條陳學政事降調還都旋假歸里五十七年重游泮宮年七十九卒前後在中書十年在翰林十有七年歷主鍾山紫陽書院及崇文龍城婁東暨陽晉陽諸講席著

錄弟子籍稱極盛精於校讎於陸氏經典釋文取宋本參校刊爲攷證坿本書後又於逸周書孟子音義賈誼新書春秋繁露白虎通西京雜記蔡邕獨斷荀子呂氏春秋釋名韓詩外傳顏氏家訓封氏聞見記左傳古義謝宣城集皆彙諸家校本手加是正又於五經正義表若周易禮記注疏呂氏讀詩記魏書宋史金史新唐書糾繆列子申鑒新序新論諸本脫譌者咸加薈萃曰羣書拾補并系以校語又精研說文晚復雅意金石之學爲人方嚴誠篤事親孝待弟韶音極友愛篤師友之誼而性尤伉直壬申　廷對力言直隸差徭之重

純皇帝爲動容飭總督方觀承申奏自劾士論偉之嘗以

抱經顏其堂學者稱抱經先生翁方綱撰墓志銘參先正事略國朝漢學師承記

黃嶽字懷芳號箭南晚號鶴洲乾隆十九年進士知湖南慈利縣悉心利弊撫字周至尤惓惓於培養士子嘗纂范氏義莊分俸寄歸委族置產建立義學培文郵老一族賴之少日讀書別峰庵得程子主靜之旨澄心觀理故其爲文多悟境著敬業齋續鈔鶴洲自訂賸稾生花軒詩稾若干卷黃氏世德傳贊

邵陞陛字梅林生四十日父沒乾隆二十一年登鄉薦重違生母養一試禮部不出其學本洛閩尤長經義如釋周禮樂師舞引春秋初獻六羽駁鄭注宗廟以八之說據學記三王祭川先河後海公羊傳三望祭泰山河海駁大宗

伯賈疏禮無祭海之說據周禮夏官羊人凡釁積共其羊牲牛人無其文證孟子釁鐘本用羊不用牛之義貫串而折其中其大略也子瑛玢皆秉其所口授故瑛最精於樸學陞陛儉於己而嗜義若渴族有孀婦某貧而有志周之二十餘年以成其節卒年七十一　封翰林院編修瑛自有傳朱珪撰墓志銘

黃璋字稺圭號華陔乾隆二十一年舉人授嘉善教諭三十七年　詔徵天下遺書浙江設采訪局大吏以璋總之凡得書數千種皆考其撰人爵里疏其宗旨輯總目若干卷進呈以卓異遷知江蘇沭陽縣訪求民隱興利除弊沭陽地窪下多水災報請振卹兩次發帑銀二十餘萬兩潔

已卒吏民霑實惠四十五年
高宗南巡辦水營盤不事張皇而事集邑素難治公事旁
午嘗有詩云五日在衙十日野一年作事百年心蓋紀實
也四十六年去官優游林下者二十餘年卒年七十五晚
號大俞居士有大俞山房詩文集楊龜山年譜考證已刊
行詩瀋剡識浙石略及校補宋元儒學案藏於家子徵肅
徵乂自有傳黃氏世德傳贊

孫維龍乾隆二十五年進士知黟縣移知鳳陽擢知亳州
所至有聲調四川從征金川死木果之難　贈道銜廕一
子祀昭忠祠乾隆志　案乾隆府志維龍順天籍

諸重光字申之號桐嶼乾隆二十五年一甲第二名進士

授編修初以舉人　召試第一補內閣中書值軍機　王師方進討伊犂繼平回部軍書旁午重光晝夜入直傳宣調發輔臣倚之若左右手館選後典試山東以京察一等出守辰州會辰溪水發被劾歸卒於鄂渚重光詩文私淑蘇軾其在軍機承　旨屬草千言立就爲諸鉅公作碑版記序甚多既成輒焚稾故生平著述百不存一子開泉起自孤童讀父書克自樹立搜篋衍零稾及見於友人之壁箋題扇者彙輯之爲二研齋遺稾畢沅謂重光才足以理棼識足以定擾氣足以鎮浮不僅以詩人見也開泉號秋潭廩貢官鎮海教諭二研齋遺稾平聖臺畢沅兩序參兩浙輶軒錄輶軒續錄補遺

毛師灝字幼梁順天籍乾隆六年舉鄉試第一十七年舉

會試應朝考目短視擯淵鑒古文錄目以入除名大學士
忠勇傅公延爲子師以　萬壽恩復原資授新鄭知縣調
洛陽兼署新野以事罷卒於京師灝善文詞廣延納操觚
之士翕然宗之焉乾隆府志

張廷栻字烈福幼讀書即知立志屢試不售援例爲雲南
普洱典史乾隆三十六年　王師征緬甸廷栻護餉川南
夜蠻人劫餉入寨廷栻手斬賊十餘人窮追至賊巢被害
　賜卹如例乾隆府志　乾隆志叢談廷栻隨征金川觸瘴癘死於軍營給軍牌歸葬

戴求仁大興籍乾隆三十四年進士知湖南永順府性廉
察治獄多平反時三廳苗匪及湖南教匪不靖皆竄邇郡
境求仁供饋餉保疆圉民得安堵擢福建鹽法道湖南通志

邵晉涵字與桐一字二雲佳銳子乾隆三十六年會試第一廷試二甲歸部銓選三十八年　詔開四庫館上方崇奬實學大學士劉統勳以晉涵名入告　特旨改庶吉士充纂修官逾年授編修五十六年大考二等擢左春坊左中允遷侍講轉侍讀歷左庶子翰林院侍講學士日講起居注官皆兼　文淵閣校理歷充　咸安宮總裁　萬壽盛典八旗通志　國史館三通館纂修官　國史提調官兼掌進擬文字一爲廣西主考兩充教習庶吉士生平至性過人執親喪哀毀骨立與人交始終如一未嘗以博雅自矜惟以非義干者不待語竟即拂衣起少多病左目微眚清羸如不勝衣獨善讀書數行俱下寒暑舟

車未嘗頃刻輟業於學無所不窺尤能推求本原實事求是在館時總裁問某事輒答曰在某冊弟幾葉百不失一咸訝爲神浙東自王守仁以道學功名顯劉宗周以忠讜大節著黄宗羲以覃研經史博洽文詞稱晉涵私淑三大儒性質貞亮經經緯史涉獵百家不懈而及於古治經深於三傳及爾雅以宋邢昺爾雅義疏蕪淺遂別爲正義如以九府之梁山即今衡山釋草蘩菀蔞爲即款冬同時洪亮吉等皆歎爲絶識又有孟子述義穀梁古注韓詩內傳攷並足正趙岐范甯王應麟之失補其所遺嘗病宋史是非失實又久居山陰四明閒習聞諸儒緒言撰南都事略詞簡事增遠過正史又謂南宋諸傳最無理法其稟創於

袁桷桷與史氏中外故於甬東諸人多鄉曲之私畢沅續宋元通鑑晉涵爲删補考定之沅歎曰今之道元貢父也熟於前明掌故每語一事輒亟稱宗周宗羲蓋史學所本心儀其人欲取以爲法者也所校官書如薛居正五代史則采自永樂大典參以册府元龜太平御覽并通鑑長編諸書館臣請仿劉昫舊唐書例列於廿三史刊布學宫分校石經所職春秋三傳校正字體亦校他書獨多生平爲文操筆立就有大作述咸出其手卒年五十四錢大昕撰墓志銘參洪亮吉撰傳

徐以垣字晚香父炎以拔貢知縣署四川酉陽州捕匪類嘓嚕民案堵有政績以垣以優貢登乾隆五十一年鄉薦

嘉慶二年署寶慶同知六年知麻陽縣七年知平江縣勤政善折獄案無留牘境內盜賊肅清捐建昌江書院月課親定甲乙工書翰判牘必親書得者多珍弆之平江志參徐譜

張羲年字涫初號潛亭初以拔貢廷試一等授知縣請改教諭借補於潛訓導乾隆三十七年　四庫徵書　詔責成封疆大吏實力訪求浙省選學官淹博知大體治書不謬者得羲年及黃璋朱休度三人總司校勘皆一時之望羲年璋並邑人也三十九年任滿考最當得知縣自陳願竄中祕以卒校勘事　詔如所請以國子監助教充纂修官四十二年舉順天鄉試主司惡經生墨守束書不觀發策博問羣書雜史得羲年對歎謂闈望不虛明年會試下

第館臣特奏義年修書有成勞　詔許一體殿試未與試疾作沈困中猶詢　制策所問何等及一甲何人喟然曰半生奮志徒成虛願因大哭翌日臚傳義年已卒著有嗽蔗文集孫福厚字桂堂道光三年進士由兵部武選司主事累官至內閣侍讀學士才名卓著尤敦鄉誼凡寒畯赴禮部試皆倚之爲重福厚子集禧同治四年補行辛酉壬戌科舉人考取宗學教習期滿以知縣用分發安徽有文名制行不苟娶陳霖女兄成室未幾陳失明恩禮不衰年三十而鰥終身不再娶時稱其義章學誠撰傳參兩浙輶軒續錄

黃徵肅字元恭號雨莊璋子乾隆四十二年拔貢　朝考一等充　四庫館謄錄詩文書法名噪一時同郡茹棻嘗

語人曰吾於書法則畏雨莊於文章則畏平黼平黼徵肅弟徵乂也議敘當得州判改就教職補瑞安士論翕然五十一年鄉試復中副車未任滿丁內艱歸弟徵乂字付治號平黼少穎悟讀書輒數行下乾隆五十四年以選拔生當年舉於鄉王杰朱珪皆器之

高宗南巡再應　召試後以大挑任瑞安教諭嘉慶二十四年成進士知從化縣鄰縣增城盜起上言盜自從化來大吏不察委弁督捕多濫繫徵乂審得其枉輒免之十不留一督捕者不悅徵乂曰奈何以民命遂心任滿引疾歸杜門不預外事晚號鶴石山人著有鶴石山房詩稾孫泰階字芹塘諸生性耿介力學竝工書能世其家黄氏世德傳贊

葉潞字梁溯號蘭江由增貢生考授陝西布政司經歷署靖邊府太谷縣知縣有政聲陞西安府五郎關通判五郎僻在山陬五方雜處最易藏奸舊隸長安鞭長莫及巡撫畢沅奏設分防廳以潞卓異特任之潞剏建衙署剔弊興利期年大治又以地當山谷道路險窄每河水泛漲飛瀑沖激行者苦之乃徧諭居民以時修整復糾工開鑿捐廉助成之士民爲勒碑頌德題曰永濟題陞留壩廳同知所至輒不嚴而治後致仕歸翁元圻撰家傳

翁元圻字載青號鳳西父會爍直隸井陘縣典史元圻少敏嗜學通六經百家言成乾隆四十六年進士授禮部主事居官鯁諤以直隸州簡發雲南借補嵩明州遷廣南府

知府廣南山險數千里官須夫馬皆取給於民吏胥因緣椎剝輒擾民元圻立除之郡患私錢爲詳設程目聽民自首納償以平價躬巡閭閻勞來申勸不旬日私錢盡出乃解局更鑄善錢嘉慶二年鄰境貴州南籠府狆苗事起廣南素無兵備吏卒洶懼欲亡去元圻出私財募得民兵數千日夜部勒據險築堡賊不敢近民賴以安會鄰州告警元圻馳援遇賊於令沖一戰殪其前鋒賊固耳元圻名及是益驕乃斂兵踞山梁結三營犄角自固元圻偵知賊狀得其口號物色令軍中多造盾駢厚竹爲之固以縣漆爲仰攻具預遣死士入賊營期戰日使舉火乃日揚兵更番數進多方罷賊臨戰張兩翼身督中軍雁行猱進賊下矢

石如雨皆格於盾久之度且盡麾軍譟而疾登死士入賊營者火齊發賊大驚潰追斬渠魁降其餘衆厚給之使招降諸苗八寨兩營頭人皆相繼縛賊首來獻由是廣南民兵聲震滇黔閒亡何別賊圍官軍於邱北制府檄元圻赴援賊聞元圻且至則撤圍距險負嵎以待其地山險壁立密箐環之山後皆老林深險無際元圻巡視良久曰吾知所以破之矣於是募降苗爲鄉導得樵徑以壯士千夜銜枚出其背伏老林復遣敢戰士官儂世昌偕裨將各率勁卒潛從山左右緣崖上伏深箐中部署既定親督全軍急攻賊殊死戰俄深箐伏發橫擣其脅三面夾擊賊大敗趨老林又中伏殲馘無算餘賊竄崖谷遁追至平寨賊夜走

邱境革牟寨糾合別賊勢復振反鬭與戰於革牟又敗之追敗之於矣厦又潰之於渡汪坡賊望見廣南旗即駴走遂竄粵西滇患平事聞　賞戴花翎累七級時緣邊蹂躪遺黎憔悴元圻罄私財多方稱貸撫郵之全活甚眾士民願爲立生祠峻辭之去之日民遮道哭傾郡送百里外當元圻署鹽　道時巡撫初彭齡始至擊斷風厲嘗欲劾守令十餘員元圻從容進說謂須有左驗否則人人自危非完計也初意解事遂寢兩舉卓異遷廸南兵備道猓猓不靖制府討之以元圻署糧道從征軍事皆倚之事平屬元圻以善後事宜及報銷軍需同事者欲浮其數備部議駁責分賠元圻賠獨多俸滿例引　見制府奏留署貴州布

政使踰年入覲授貴州按察使晉湖南布政使兩攝巡撫
上嘗遣信臣莅楚按事使者還奏元圻賢復拜護理巡撫
之　命尋坐事罣吏議特原之因　陛見求內用授太常
少卿致仕卒著有困學紀聞注行世子忠錫號小鳳廪貢
生能詩善醫著有翛然自得廬詩存孫學濬號玉泉道光
十六年進士官戶部郎學涵字會芳十七年拔貢由小京
官遷工部主事以耿介忤肅順遣戍肅敗起原官仕終工
部郎曾孫慶龍原名琳字巳蘭幼隨父學濬居京邸以工
書見推於道州何淩漢後議敘爲戶部郎與南皮張之洞
交最密屢躓北闈同治六年擬南還應舉及闈之洞主考
浙江遂中止商州閻敬銘初長戶部器重之及入相慶龍

已改同知分發江蘇敬銘數寄書致意竟不答其高介如此晚寓海上無儋石儲酒酣喜作書得者輒珍弃之余坤撰傳參采訪

邵瑛字瑤圃歷陛子乾隆四十九年一甲第二名進士授編修歷充　玉牒館協修　國史館纂修　文淵閣檢閱嘉慶戊午湖北正考官壬戌會試同考官後乞假歸瑛幼承父教精於樸學殫力說文著羣經正字爲大興朱珪北平翁方綱所器重河閒紀昀欲作規杜持平一書未果瑛承昀命卒成之時年已七十餘杜門著述垂老不衰作黃葉著書圖以見意友呂迪題詩紀之劉熅規杜持平序參朱珪撰邵歷陛墓志呂迪題黃葉著書圖詩

邵作霖號靜園縣學武生居貧有志節好行義嘗聞鄰嫠夜哭而哀旦日往諗之則孤子甫能行而家如洗守志撫孤無兩全術所以慟也問所需則曰得五十錢佐以十指可以全苦節長孤子矣時作霖方窘空日用或數文錢不自給乃毅然身任之與爲約日必具五十錢杙於楹而懸之植晝叉其下孤子來叉取之懸之高下度成童引手可及孤子手及之則止自是必先夕經營足五十錢甚或撤衣食身凍餒不自恤幸孤子未及約能食力謝去卒全母節子燦既成諸生期以遠大命之讀書山中食常不飽而學遂大成當路有傾慕者函六百金請爲作霖壽而求燦佐之治燦幸於得遂其養猶以父教嚴憚面請介執友白

其情作霖曰口體之養非吾願也郎欲酬知己來年且大比盍少需之過此不售再作計未晚也竟卻其幣時爲道光十年明年燦遂登薦聯捷成進士作霖及見其與館選後累膺　誥贈至光祿大夫燦自有傳寄龕文賡邵贈公傳

徐燦諸生乾隆四十七年增建郡城試院西考棚又改製几案試者便之嗣復捐田十二畝作歲修費乾隆府志

史夢蛟字作霖廩貢生能卹寒畯徵文獻校刻鄞全祖望鮚埼亭集實爲全氏功臣嘉慶十八年以林清案優敘歷官至山西太原知府署雁門平大朔寧忻代兵備道冀寧道翕然有能吏聲朱文治懷人詩謂其遂窮揮霍後官擢亂離中蓋指初仕時言也著有借樹山房詩稾輶軒續錄參史譜

呂廸字長吉號屐山諸生天姿英敏尤耽吟詠客遊金陵北歷河洛燕晉所過勝蹟輒紀之以詩得江山之助益豪邁蒼渾書法尤卓絕道州何紹基見其墨蹟以為足與石庵覃谿抗行著有屐山山房詩稾七卷（輶軒續錄參采訪）

胡芹字吾眞號白水諸生善詩工畫隱居南山自署所居曰秀野草堂呂廸張廷枚朱文治諸開泉輩交重之子齊衡亦能詩

黃澄量字式筌號石泉諸生師事孫磐諸重光篤志力學於書無所不窺慕遠祖宋時號五桂者昆季五人並著清望遂以五桂名樓聚書五萬餘卷邑知名士諸開泉胡芹史夢蛟呂廸輩交器重之子肇震字伯器踵父購書復增

萬餘卷訓子聯鑣崇經術不失家法聯鑣字朱幘好施孚眾望咸豐戊午逆匪竄四明愚民蠢動聯鑣忧以大義貧乏者周之眾稍定及己未春官紳平餘寇脅從百數十人將盡戮之聯鑣爲包免焉後以捐貲助團有功由州同得議敘五品銜五桂樓藏書書目敘

張志緒字石蘭乾隆六十年進士由部曹外轉累官至山西布政使初爲福建臺灣道勦撫生番闢地八百餘里番民感服按察四川時鋤暴安良人呼爲張青天兩地皆爲立生祠焉

岑振祖字鏡西諸生少喜吟詩追蹤嘉州多識前輩掌故客遊江甯最久晚歲歸里與同郡鄔鶴徵茹藥紀勤麗王

衍梅周師濂杜煦楊檠商嘉言施琦何一坤諸挪趙錤陳祖望王望霖洎釋卍香妙香結洎鷗吟社振祖以年高爲之長重葺郡城龍山詩巢祀賀知章秦系方干陸游楊維楨徐渭六子以黃宗羲毛奇齡胡天游陶元藻洎越中以詩名者四百二人配食歲以二月四日天池生日十月十七日放翁生日爲會設祭焉曾孫應馨會稽諸生亦以詩名著延綠齋詩集十二卷輶軒續錄補遺

楊紹裘字學艮天才卓犖善詩古文辭歷知上思州遵義府所至多惠政精於臨池出入晉唐晚年轉遒媚人謂不減董其昌子懷餘慶餘並善書輶軒錄補遺邵瑛撰傳略參姚江事蹟引邵家人南城詩注

朱文治字詩南號少仙幼失恃育於姑境困而學日進成諸生學使王杰朱珪函稱之乾隆五十三年舉人至京師預吳錫麒心蘭詩社名噪甚嘉慶六年大挑一等時久旱而雨引　見被葛紗之　賜異數也改授海寧州學正念尊行惟姑在有撫字恩已得請　旌節孝至是將迎養而姑沒喪之如所生以能詩爲巡撫阮元所賞十年浙大水委振硤石尤卹老幼廢疾者全活甚衆省試遇雨士苦擁擠上條議於元即見施行在官十九年以次修殿廡濬泮池釐正經籍樂器再薦卓異道光元年奉　旨送部引見以疾告歸二十一年重游泮宮明年卒年八十有六生平篤於孝友自傷祿不逮養祭必躬滌尊彝如事生置祀

田并及遠祖合二十世薦熟於寢兼爲族人煢獨者立義祭弟臥疾四十年教養其子不遺餘力時率邑後進掃除先師廟庭捐葺節孝祠春秋並修王文成施忠愍祀事燕居無惰容以眞實顔其齋兒輩語少失實必嚴斥在家非義不取客提督陳大用幕久冬贈裘春輒還之恆以節儉教子孫懲鄉俗奢靡昏嫁無踰制教及門立志勿輕言貧自謂少極貧絶口不道此一字次子蘭第進士散館高等每諭以讀有用書講求時務求報國恩蘭視學湖北迎養不許惟郵示校士要略且云學政校官之長戒服用毋效他達官年八十蘭以侍講乞養歸稱觴猶抑抑以滿盈爲戒懼其後累膺封贈至光祿大夫長子森嘉慶二

十四年及弟蘭同登鄉薦先文治卒_{宗稷辰撰家傳}蘭自有傳

胡梯青字震垣號竹坡父海龍以孝著梯青博通六經尤邃尚書學乾隆五十七年舉人大挑二等授縉雲教諭地僻俗陋爲敷陳經訓及制藝繩尺娓娓不倦仲子誠字立齋出嗣叔父以諸生屢躓於試因建義塾興文社教其子弟由族推之鄉多所陶成初誠出繼時族弟某非理爭之訟至臬司使者廉得實將重科某罪誠曰弟素騃爲黠者嗾耳叩首請貸至泣下臬使益賢誠爲薄責而遣之某既以訟傾產誠資給終其身不衰_{嵊山志參采訪}

鄭學湖字心泉乾隆六十年舉人邑素有勒派積穀敝政學湖請諸上官遂除之嘉慶二十年授錢塘訓導訓生徒

重品誼待同寮推誠懿吏士咸敬服焉郡守將以卓異薦力辭之在任十八年布袍徒步清標邁俗兄學海字又蘇兄弟自幼同以孝友著母病學海醫禱輒走數十里外晝夜侍寢衣不解帶封股和藥母病得少閒學湖于樹穩博學善古文辭數奇以諸生老許正綬兩浙校官錄參采訪

張廷枚字唯吉諸生耽苦吟詩品在梅都宫賈長江之閒勤於採擇以姚江文獻自任時郡人選刻越風廷枚亦蒐訪遺逸輯姚江詩存歷四載成書嘉慶元年舉孝廉方正旋卒兩浙輶軒錄

徐境字夢暉號藴山嘉慶五年舉人華實並茂有經濟才權永嘉學篆縣令以催科故村氓疑貳致飭戎車境勸諭

有方事得解後官麗水旱檄委勘災務覈實積勞受暑疾終於任著有甌吟紀事括蒼詩鈔兩浙輶軒續錄參吳大本傳略

鄔宗山號仙坡嘉慶間歲貢補遂昌訓導接諸生惟以勤學業飭廉隅爲勸晉謁者如坐春風性不喜營求無事則獨憩靜室任滿歸槖蕭然有淡泊自甘之志學者宗仰之處州府志

葉樊字季衞號槿圃候選縣丞家世素封曾祖祖山字斯盛奉政大夫祖國禧字霖堂貢生俱以長厚稱一日祖山立於庭國禧侍忽一人貿然入連拍祖山背而出閽人將執之祖山不可縱令去國禧私遣僕察得其故蓋諸里少醵飲謂有能侮葉翁者免出貲是夕其人暴卒人咸嘆祖山福德不可及父澄字靜寰國子監生性至孝國禧病澄刲股不效相繼歿母徐暨庶母徐以雙節

旌別見列女傳樊性慷慨好施與嘉慶庚午道光甲申均歲歉樊倡捐勸振賴以全活者甚衆又有幹才不辭勞瘁凡邑中橋梁之大者皆其所修建東門外黃山橋爲明越驛路父圯邑人翁太常元圻等集貲重建樊親督役擴一洞爲三與大江通濟橋埒并修迆東之石匱橋捐費不敷足以己貲南城外轉糧橋爲山谿諸水所匯日久將圯樊勸捐重修亦擴一洞爲三北門外候青橋受西北兩鄉之水樊獨任改建約費三萬緡擴三洞爲五以上諸橋皆跨城外大江潮汐衝激先是橋砌俱毀兩岸水界水爲之束益湍急舟子稍不慎輒有覆溺患或遇霖潦洩不得速淹田禾不可勝數樊之營橋也移橋砌於岸上闢舊砌界

添設橋洞由是水道寬平諸害盡去農民舟子口碑至今弗衰長子燮字英如道光甲午舉人和平忠厚一生不校有高曾風諸孫燮子墀其蓮最著墀官餘杭訓導接諸生以禮不問修贄日用取給於家同列咸迂之其蓮尤嚴氣正性自幼無戲言戲動既冠補諸生不屑屑事舉業獨潛心性命之學於學術源流靡不討究總以反躬實踐爲主刊落聲華屏絶論議手畫先天易卦中起圖亦不著一字晚年棲心淨土抗跡龍舒更脱盡世儒習氣學者私謚潔禪先生葉氏譜參行述

韓如山少孤貧通濟橋賣湯圓爲生一日日晡客買湯圓啖訖忽遽遺囊金而去如山跡其人不得守候至夜分乃

拾歸語其室張張曰此必有急需盍再往候之遲明如山持金往客已至坐而泣諗爲親在縶貸是求出其罪如山卽還之客分十金爲酬如山曰金以贖罪少慮不濟力卻之後子孫以詩書起家元孫堷森入翰林時以爲施善之報

翁忠綸字陛選性孝友父母諸兄有疾未嘗解衣就寢母袁病危忠綸禱天封股母沒哀毀卒年二十九同時徐安行字勉之性孝事母谷病篤封股療之疾愈改名體乾因母體健也事繼母鄒亦以孝聞

吳大本字三淵號雙匏晚號蓬山人年十二通十三經十七成諸生學使阮元刱詁經精舍於省會遴高材生肄

業其中大本預焉嘉慶六年辛酉拔貢先後應鄉試房薦者九堂備者十有二取中仍被放者四有至戚傷其不偶欲爲營關節峻拒之竟以明經終年八十有二其家居以授徒自給能以文字決窮通壽殀無或爽門下多通顯朱學士蘭邵文靖燦其尤也性好施常以束脩周人急道光初縣令石同福嘗縣百金求其文先致半贄大本亦投以半槀石疑其誤使就諗知與爲諱不能無憾以告其父韞玉韞玉讀而美之曰是一字一縑之文也乃敂門引罪內交而去莫年失明有求書者輒手揣幅之修短縱筆書之與平時無以異著有三祠傳輯貞節闡幽錄足補舊志所未備爲重修所必采蓋有功桑梓之書也

羅咸和匡遐人族某有目疾母老家貧將鬻妻以爲養業有主矣咸和聞其事亟往解之鄉人以議既成幾不能挽咸和慰勸再三終夜徹旦事始解并給某錢米資膳養焉

胡清江字晝漁號薇史父金城嘉慶十八年舉人工古文清江道光十四年舉人任陝西耀州知州州剏建范文正書院以振文教革陋規簡獄訟時鄖鄂不靖豫防團練大旱步禱甘澍響應輪軒續錄參采訪

楊立功字懋哉號次山見義勇爲建儒學崇聖祠嘗以事至蕪湖輸貲振濟建豐備倉又剏捐修邑城軍興募助餉需凡卹咸族施藥給縣皆有貲建紉蘭文社鼓舞後進行數十年無倦年踰七十母王猶在欽旌五世同堂鄉

里榮之子十八三晉入觀治並舉人觀治官武康教諭興復前溪書院愼重月課晉豫大饑在任勸振無遺力余坤撰墓志參采訪

沈煜初名長淸字星輝嘉慶五年舉人性慷慨葬業師潘公上兼助祀田任餘杭教諭捐修禮器遇丁祭率諸生習古禮日晡不倦歲歉與邑令勸輸民得無饑許山志

高步瀛字水英諸生宋詩人翥二十世孫慕祖風棄舉子業放情吟詠於名家詩靡不瀏覽能獨出機杼自然之趣逼似菊磵著有菊蔭詩鈔孫元照字炳之年十六母病刲股後以父病學醫姑蘇得朱震華陳沛然之傳父得延數年里稱其孝族人曾及曾子爾釬皆以母病割股聞岑沈菊蔭

詩鈔序
參采訪

葉煒字青登號坦齋與弟煦燦皆苦志力學嘉慶二十三年舉人先後主講山西秀容西河兩書院歸署浦江教諭捌建名宦忠義祠記功選授樂清訓導主梅溪書院每月課捐俸獎勵并贖歸學地之被佔者捐修文廟并鄉賢祠再記功歲旱偕同官步禱至六十餘日海疆告警勸諸生修樂清縣城工蕆當得議敘力辭俸滿保升知縣需次直隸奉委至浙遂引病不復出燦字彥英號晏齋增貢生性伉直每聞友過當酒酣耳熱時往往拍案面責後遭粵寇家屬辟地上海燦獨將二僕守先人廬賊衆掩至將掠以行不從賊遂據其家予之衣食輒唆拒不受身與僕同

禦賊知燦世家老儒繫人望勿敢逼旋有好義者以四百金贖之比賊平家貲罄盡然精神矍鑠手自料量薪米終不以家事累諸子讀以故伯子和義仲子和聲並知名於時平生制行謹廉輸稅必先期以率鄉里歷數十年如一日入市售物不知較多寡市賈至相戒不忍以一錢相紿自奉綦儉約遇族黨不給則周卹無所恡始終不倦卒年七十九朱蘭撰傳和聲自有傳

諸豫宗字立凡號笠驅父如綬嘗游族子以謙陝州幕會教匪擾鄰境以謙提兵出援盧氏賊偵城虛來犯如綬爲集吏民議守禦更七晝夜不就枕以巨礮斃賊鄉導危城獲全當論功力辭歸以廩貢官建德教諭豫宗髫丱能文

少長益勤學同縣胡芹奇之以女字焉成道光二年進士知西甯縣單騎之官惟一老傭從傭愿愨勤作苦司紀綱數十年無錙銖負豫宗信之有諭訟者讞定將就寢試問傭外議云何傭曰歸至市人言嘖嘖皆呼諸青天惟今茲某獄殊不謂然因集兩造更其判尋覺其有異檢傭枕席得番銀數百窮究得實蓋諭訟者賄傭讕言冀翻案也乃逐傭而亟正其判如初讞或控婦殺其夫豫宗察婦善柔無外遇不至是釋其械而別緝殺人者上官嚴飭將舉劾不爲動卒得罪人白婦冤縣故有喜泉書院經費絀爲量撥充公田六畝有奇復捐俸倡集銀二千二百兩田六十畝由是師生膏火有資事具西甯縣志案道光十年續修西甯縣志當豫宗

在官他政績例不書
故僅紀書院一事

陳塏字耕心道光二年進士郎用知縣籤掣四川以母老改授福建甯化丁艱服闋補四川井研縣革弊興利與民休息擢崇慶州知州奉調襄邊軍務積勞卒於官士民哀感爲繪象祀焉

吳麟書字蓉峰道光元年舉人授仁和縣訓導在任十九年士林信服咸豐十年擢升杭州府教授未奉文城陷麟書朝服投泮池役救之舁臥明倫堂家人匿東廡複壁獨女岳蓮侍側麾之去泣曰今日父必死兒何忍獨生薄暮賊至麟書據榻罵賊賊剚刃於頸未殊罵不絕岳蓮見父血濺枕上急取茶甌擊賊賊舉刃揮之削右耳以袖掩面

罵益厲賊怒甚連刃之遂仆一賊推𨈆書於地斷其首事
聞　旌䘏如例子晉廩生同治元年八月偕謝氏義勇擊
賊死於縣南三十里牌浙江忠義錄

謝祖銓後改祖荃字餘喬先世饒於貲祖潤父錫詔並好
施家以中落祖荃幼慧十歲從外祖同縣黃璋學課蟋蟀
詩璋決其必以甘貧守約致淸望借名位未必高耳後卒
如所言年十六成諸生旋補廩餼未三十連丁內外艱哀
毀逾制既屢試督學冠其曹道光二年壬午考取優貢本
科中鄉試第三名經藝策問並進　呈由是從游益眾有
自鄰境負笈來者所居至不能容甚至斥藩溷以舍學子
十五年乙未會試已中式以溢額抑置謄錄第一期滿當

得知縣不赴由庚子大挑二等授平陽縣學訓導勤於課士如家居授徒時咸豐初平陽洊水以捐振加六品銜未幾引疾歸卒年六十有八前學使吳侍郎鍾駿激賞其所著東山制藝東山賦鈔爲製敘勸刻之

朱蘭字久香晚號耐庵文治子道光九年一甲第三名進士授編修散館一等考取御史十一年大考二等　賜文綺奉　命入內賦詩稱　旨出扇　命書詩其上以朱蘭非獨學問好人品亦好　宣諭朝臣十四年充甲午科廣東正考官旋督湖北學政授司業遷侍講教習庶吉士十九年以父老乞養父憂服闋二十八年補原官遷少詹事充講官本年戊申科順天武闈鄉試副考官

文宗御極之初遇大典禮輒獨抒所見不阿廷議嘗劾重臣去之三十年充庚戌科會試同考官時相爲總裁有所徇介監試授意不應將中以察典上知蘭深閒不行咸豐元年超遷內閣學士直　文淵閣充　朝考閱卷大臣署工部左侍郎是年十一月以繼母陸老病告歸三年粵寇事亟奉　命在籍籌團防餉八年秋有土匪黃春生之變蘭方居陸憂以狀移撫部晏端書部署麤定會端書被議去代者獨任候補道胡某主兵至縣縣人謝敬方剿匪有功某以土匪勢張欲誅敬爲招撫計蘭知敬可倚持之堅卒用敬力平之語在敬傳某借軍餉婪索富室金蘭又力持之某益恚聳撫部以大員在籍

不能勸化鄉愚入奏降四級調用蘭處之泰然謂所親曰前者吾言嘗效矣今事同而滋益勞費一身升沈何憾憾事機不合致多殺人耳先是道光中嘗有小寇竊發大府用蘭言而定故云然同治元年起三品京堂明年授太僕寺卿督安徽學政三年轉詹事留學政任再遷內閣學士六年使竣修墓回籍遂引疾不出十二年卒於家年七十有四蘭屢掌文衡以以人事君自任所甄拔或洊登台輔或宣力封疆或以儒將建豐功或以諍臣樹亮節世尤多其識鑒使節所至風裁峻肅典試廣東大賈有十三洋行使者第通一刺餽賮輒纍數千金蘭獨峻絕之使湖北以若通關節難賄鬼神八言揭聽事終任無或敢干以私者

故事府縣試錄送第一人郎文字不稱督學使者輒委曲成就之爲守令地鹽賈子或得之以賄蘭逕斥之一無所徇大失望百方搆陷終不得豪髮私乃已使安徽單車入境抵望江驛至市糴充飢當大兵之後省中藏書散亡略盡蘭至廣購經籍分庋學校曲盡誘掖不餘年四十餘州縣荆榛盡闢居鄉遇地方利病學校典祀及捐建考棚莫不力任興舉自奉甚約於餉軍振災輒毀家以濟施及宗族鄉黨無弗周給兼篤於風誼與嘉興李貽德爲道誼交貽德沒爲校勘所著左傳賈服注輯述二十卷攬青閣集若干卷并李室吳氏早花集刻之皖中自著書百餘卷詳藝文伯子朗然字韜夫年十二羣經卒業長益博聞强識

通曉天算輿地壬遁方藥諸藝兼工擊刺由四品廕生江蘇候補知縣從軍主鼎字營營務總統會字營轉戰貴州陝西甘肅各省最後防天津積功至三品銜江蘇候補道

賞戴花翎居父憂不復出惟以文字自遣自先秦逮晉唐名刻蒐葺甚富日課臨摹至十餘萬字四體書並擅精能工題跋所品量多出人意表季子衍緒字鎮夫同治六年丁卯並補行甲子科舉人幼穎異性沈默工詩能篆隸蘭鍾愛之奉使常以自隨所著多隨宦之作尤癖於山水嘗入閩探武夷九曲之勝登福州鼓山製銘而歸閩撫王凱泰爲蘭分校會房所取士於衍緒以世家子尤投分爲勒石一時攜氈墨就搨者傾省會先是蘭門下士會稽孫

德祖及郡人孫玹曹壽銘蔡以瑺王詒壽秦樹銛馬賡良陶方琦等倡皋社於郡城東鄉之小皋部衍緒嘗渡江就之倡和稱極盛仲子逌然自有傳寄龕師友錄

邵燦號又邨作霖子道光十二年進士改庶吉士十三年散館授編修十五年丁父憂十八年服闋十九年二月大考二等升詹事府贊善充湖南鄉試正考官二十年六月補右春坊右贊善十月充　日講起居注官二十一年升詹事府右中允二十二年二月轉左中允十月升翰林院侍講二十三年三月因病開缺四月病痊九月補原官十二月充　文淵閣校理二十四年升鴻臚寺卿二十七年四月升光祿寺卿六月遷太常寺卿二十八年授大理寺

卿三十年充會試知貢舉四月奏請舉錯並行略言爲政
端在得人安民必先察吏定例三年大計又於計典之外
另立隨時甄別之條如果督撫秉公考覈則賢能者自邀
卓薦不肖者豈得濫竽乃近日疆吏蹈因循之習博寬大
之名每遇大計不過將年老教職佐雜酌參數員以應故
事此外除照例題參經徵緝捕不力外其餘如才質平庸
辦事竭蹷者固在包容之內即性情乖張聲名狼藉者但
善趨承概置不問且諱其鑽營目爲開展是非顛倒吏治
尚可問乎

皇上命京外大臣各舉所知臣愚以爲出衆之才固當保
薦敗類之輩尤當嚴參應請　飭令各督撫力振因循秉

公考覈不特劣蹟素著者當予參究卽才具平庸者亦當甄别不準再徇情面以無可參一奏了事至京職人員雖無地方之責亦有優劣之分各部院堂官亦當一體甄别以清仕途又以漕政亟宜整頓條陳四事一漕船開行日期宜嚴查捏報一抵壩起卸不可以起撥爲常例一稽查催趲之宂劣委員宜汰一幫丁水手宜嚴加管束疏入
上韙之八月擢內閣學士兼禮部侍郎銜咸豐元年署吏部右侍郎稽查中書科事務二年正月補授吏部右侍郎二月署工部右侍郎兼管錢法堂事務充直省舉人覆試閲卷大臣三月轉吏部左侍郎四月充會試覆試　朝考閲卷大臣署刑部右侍郎五月充考試翰詹閲卷大臣

命在軍機大臣上行走七月充　實錄館副總裁十二月
賜紫禁城騎馬充　經筵講官三年三月充會試副考
官四月充　殿試讀卷官六月充考試漢教習閱卷大臣
八月以克復河南懷慶府城燦夙夜贊襄樞務　賞加軍
功一級十二月因捐助銀兩下部議敘　命爲漕運總督
四年五月時南漕由海運津燦往蘇州督辦海運請飭藩
司何俊辦理鈔局並捐米事宜　從之九月奏官局銀票
籌有票本請飭糧臺一體收放以期周轉十二月奏浙江
湖州台州幫丁欠交秏米請分限搭解以紓丁力均如所
請行六年捻匪滋事擾及清淮一帶正月
上命燦兼署南河河道總督幫辦防堵事宜四月奏徐州

官兵越境勦賊獲勝請將總兵傅振邦等議敘　從之七
年正月因迎勦捻匪大挫賊鋒奏保吉林防禦博崇武等
升擢有差五月以督師勦平捻匪陳遐齡全股入告
上嘉之時尚有大股捻首李月擾亂江北占踞五家溜子
老巢閏五月官軍四面圍攻踏毀賊墟斃賊甚眾疏入復
得　旨嘉獎六月令馬步兵勇由高家寨進勦擒逆首李
月於陣殲之餘賊逃竄追勦十餘里擒斬無遺事聞　諭
曰捻首李月與張落刑等樹幟糾黨圍攻城池擾害地方
罪大惡極經邵燦等派委侍衛伊興額等督率兵勇生擒
正法盡殲醜類實足以伸國法而快人心邵燦連次勦辦
土匪洋匪均能隨時撲滅茲復將大股捻首悉數殲除首

惡駢誅地方賴以安堵實屬調度有方著加恩賞戴花翎八年遵查江甯布政使楊能格於儀徵揚州失守節次將糧臺移動並於留存軍火要需不能兼顧淮揚道郭沛霖於賊至揚州輒被練勇擁出城外復將回營官兵誤爲潰退稟報失實均有應得之罪奏請褫職九年三月因病請假四月奏請開缺　允之十年六月　命爲浙江督辦團練大臣十一月以浙省軍務緊要請留已革道員段光清統帶廣艇協勦並籌濟糧餉　從之又以兵練勦賊得力先後收復壽昌富陽縣城甯紹兩府安堵入奏

上嘉其團練防勦認眞旋因浙江將軍瑞昌巡撫王有齡與燦意見多歧奏奉　諭旨撤去督辦團練大臣同治元

年病痊來京尋卒　諭曰原任漕運總督邵燦秉性亮直克矢靖共由翰林院編修洊升卿貳入直樞廷出任漕運總督歷年辦理清淮一帶防剿事宜實力實心不辭勞瘁地方得臻安謐嗣經告病開缺回籍今夏甫經來京銷假遽聞溘逝悼惜殊深著加恩照漕運總督例賜卹任內一切處分悉予開復應得卹典該衙門察例具奏伊子戶部學習郎中邵維城著俟服闋後以該部郎中候補工部候補員外郎邵維埏著俟服闋後以該部員外郎儘先補用以示篤念舊臣至意欽此同治七年六月奉　旨予謚文靖入祀江南名宦祠國史館傳稾　子維城自有傳

張嗣康字藏山道光十一年舉人以直隸州州判需次湖

南署桂陽州州同改知縣署藍山縣事值軍興集鄉勇築城修塹土寇屢攻縣城隨宜守禦甚有方略有猾吏舞法殺人掠其貲莫能詰治嗣康發其奸戮之興學課士政聲流聞調臨武縣以疾歸藍山民至今思之桂陽州志

景銓之字采臣道光二十四年舉人咸豐五年任遂昌教諭八年遭粤寇銓之佩印守學宮罵賊被戕室趙及幼女同殉難桐鄉陸定圖教授記其事勒石昭忠祠處州府志參呂遒賢撰家傳

周白山字雙庚號四雪少食貧力學嗜古愛奇詩宗唐賢上溯漢魏散體文學大蘇尤喜莊子韓非子及史記道光二十八年受知學使趙光成諸生明年知府徐榮課蕺山

書院士得其卷詫爲奇才招之讀書郡齋咸豐二年歲試學使萬青藜賞其經藝精鑿奇峭謂似周秦諸子首拔之始食粲宗給事稷辰主講蕺山亦亟稱之與同郡趙之謙有周趙之目六應鄉舉輒報罷辛酉之難年未五十窮餓以死詩文散佚有海瀕課餘艸猶少作又嘗與之謙台刻所作制藝曰案拈一字題集蓋好奇之一節有見其刻言者長篇恆千言不止短或不及百字一時禮法之士毀不按劒云燹後並亡失無傳兩浙輶軒續錄

馬斌字空羣號蓮峰道光三十年進士以知縣分發廣東咸豐元年逆匪淩十八由廣西竄羅定州斌隨大軍理軍務獲賊偵騎研訊盡得賊狀乃乘夜統兵擣穴分道進勦悉數殲擒論功以知州補用先是鶴山縣多盜警大吏以

斌強幹機署縣事開平謝阿東聚黨千餘人擾尖石墟毘連鶴山斌到任與鄰縣約期會剿斬獲無遺治鶴山兩載風威大振題補德慶州知州未赴會紅巾賊起陷東莞踞佛山鎮近境土匪附之鶴山舊有船戶數千以沿江剽劫爲事至是句結爲患勢益熾鶴山營兵又調赴新會賊倉卒攻城陷之斌被羈空室自裁不得間時斌弟道傳同陷賊中斌密遣乞外援並作絕命詞送之有自標勁節勵冰霜秋草孤墳骨亦香之句道傳既出援師亦至賊望風遁城復而斌已遇害僕陳升林方殉焉事聞　贈道銜給雲騎尉以恩騎尉世襲罔替

蔣元瑞字安麟號子珍祖珣以舉人官瑞安教諭上虞許

正綬稱其品行方潔鄉黨所重元瑞年十八事父疾刲股

道光二十九年舉人揀發直隸初署大名府元城知縣適

粵匪由山東竄入大名土匪導賊圍城逆擊破走之論功

加知州銜後知永清縣善理繁劇明於聽斷喜培植士類

咸豐七年永清蝗購捕罄囊貲二千餘金患未已方焦灼

無所爲計忽有鐵雀萬餘啄食立盡民德之爲作鐵雀歌

順天府志參兩

浙輶軒續錄

蔣仁瑞榜名陽麟字仲南號一樵元瑞弟也道光三十年

進士咸豐三年揀發南城兵馬司正指揮九月改福建沙

縣知縣値興化土匪林俊滋事奉檄會辦軍務會三鎭兵

勇進攻直抵賊巢生擒匪首陳尾等斬之五年粵匪擾江

右光澤爲江閩通衢毗連新城瀘溪貴溪弋陽諸縣大吏以仁瑞有幹才檄署縣事到官諭鄉民舉行團練徧詣雲際馬鈴各關隘相度形勢阨要駐守境賴以安六年粵匪竄撫州據新昌入新城進逼杉關仁瑞督兵勇民團出杉關直趨新城境賊未審虛實遂棄新城遁是年夏季弟慶瑞以候選縣丞省兄至閩仁瑞命襄理防務教練新募勇丁七月編錢會匪句結粵匪復踞新城撲鐵牛關闌入關外之花山界仁瑞仍督兵卻之獲逆首曾復陞時江右大軍新挫閩師潰退統領張從龍副將林潤回駐杉關外仁瑞慮各關防兵單弱命慶瑞分領驍勇往來策應屢有斬獲七年二月瀘溪粵匪寇黃石口百子會匪句結之由鉛

山猝犯雲磜關乃命慶瑞疾馳往援飛飭馬鈴關防勇就近會勦相持旬日賊轉攻鐵牛關把總周承章死之遂由鐵牛關越虎爬嶺徑犯縣城仁瑞親督兵勇民團奮力抵禦連戰皆捷斃賊三百餘名擒賊首陶性眞奪獲鉛藥軍械無算追奔至七里廟地方飛檄乞援師及餉並馳請杉關張林二協分兵堵守越十九日賊糾集大股分據要隘再犯縣城仁瑞知衆寡不敵誓衆堅守待援會郡中節次撥派兵勇軍餉均被賊衆要截餉亡軍潰困守至十二晝夜賊四面環攻久之南城地雷驟發城遂陷慶瑞守西門先歿於陣仁瑞猶徒步巷戰爲賊得死之案家譜仁瑞與賊戰不勝投河死當光澤被圍仁瑞度無全理謂慶瑞若無官守宜自免

早歸以慰親心吾身膺職守萬一有變斷不敢苟免以貽二人羞也慶瑞大哭誓效手足助不忍去遂偕及於難事聞以知府陣亡例議卹奉旨予雲騎尉世職並於光澤及原籍地方建立專祠仁瑞自幼穎異所著詩古文甚富盡燬於賊無存者慶瑞字苑麟並以殉難賜卹雲騎尉世職上虞周蓮紀略參采訪

張文翰字薇尹號小峰幼聰敏父國子監生以塏坐家累常行賈漢陽祖諸生炯親教之祖沒母朱督課尤嚴遂以能文名累受知學使羅侍郎文俊吳侍郎鍾駿由縣學生補廩槩登咸豐元年辛亥恩科鄉薦三年以父命試禮部中道聞父疾遄歸營醫藥服勤踰年父沒甫終喪母朱

患疽眠起扶持躬薰洗至染膿成瘡先後居喪毀瘠不自勝方在母憂有黃春生之變當事以私意遷怒與朱學士蘭同被議未幾遘疾卒年僅三十有九輿論惋惜之

謝敬字仲逸原名嗣莊世居縣之四門鎮少孤貧英發遇事敢爲以時方多故而家雄於財募丁壯用兵法部勒之黃帛裹首爲識號黃頭以自保咸豐八年冬縣民黃春生乘歲歉挪立十八局以抗租至擁衆焚掠城市明年正月再撲縣城敬率所部馳援擊退之十八局以次破散其後春生復聚黨梁衙圖再舉敬再破之遂擒春生戮之市於是黃頭驍勇名浙東會粵賊熾東南浙江戒嚴省府檄交下敬防義橋以衛鄉郡名其軍曰常勝纍平郡南土寇錫

錢呼嘯各黨當事上其勞未敘十一年九月粵賊自錢江上游東渡道諸暨破蕭山連陷紹興甯波各郡邑敬孤軍力不支身航海之上海乞師初十八局之變候補道胡某奉省檄以兵來懾於局勢方張議戮敬以謝局因而撫之內閣學士朱蘭方家居知敬可倚持之堅卒賴其力至是蘭寓上海薦其才於江蘇巡撫李鴻章資以軍械令還就甬江北益募勇與法蘭西軍偕同治元年連克甯波慈谿奉化蕭清甯郡以七月六日復縣城先後陳斬賊首無算賊猶麕集縣境以九月七日自四門進營馬渚當前敵數敗賊賊益忌敬十三日盡醜類圍而攻之鏖戰終日敬手刃無慮數十人賊至益眾所部散亡略盡單騎赴水陷淖

爲賊所得脅之降大罵不屈以死年二十有九敬先以貲爲員外郎死事聞奉旨照道員陣亡例賜卹祀昭忠祠予騎都尉世職長子錫恩襲如例浙江忠義錄有傳

呂受豫號午峰幼好讀父賈人也令主所業輒袖書私誦習父不能禁縱就學心弗善所爲不甚顧卹之既成諸生窮益甚制行益卓所知有善謝敬者具薦牘勸投敬敬方延納英雋相得甚歡既款洽而後出其牘由是益見重遂留軍中敬之乞師上海也受豫與相失陷包立身起義諸暨包邨赴之居三日策其必敗跳身歸敬亦歸自海上再成軍與俱進馬渚之敗并陷賊裂眥罵賊不絕口剖腹以死同治四年安徽學政朱蘭以受豫死事尤烈疏請得

旨卹贈訓導銜同難者李立夫字芾郵案浙江忠義錄作芾春亦縣學生先三日戰死馬渚浙江忠義錄附謝敬傳

吳方林四明人事母以孝聞粵匪竄境方林起義兵壘破梁衕清賢嶺鄞縣上虞諸賊寨先後殺賊千五六百名最後臨陳中賊彈猶力戰連斫數賊力竭死同治四年朱蘭奏聞　贈把總銜

陳元三字楷木性耿介喜讀書就小試屢躓以貲敘從九品銜咸豐十一年粵匪踞餘姚以元三負鄉望招授僞職力拒之次年秋爲賊所掠脅以行途經毛杜奮然曰吾爲大清民誼不從叛寇卽躍入河中賊以矛刺之遂死事聞奉　旨照四品以下陣亡例賜卹子聖傳從九品銜同

治元年拒賊被害同時有諸生韓儲者遇賊以身蔽父被刃死而父竟得免諸生方楚善者號斐堂雲柯鄉人以端方見重鄉里咸豐十一年九月罵賊被害

戚書耀游源人父學瀾以行誼孚於鄉咸豐十一年粵匪陷邑城書耀奉其父集族人開忠秉鈞等議保聚募里中少年子弟勤以兵法分團劄張家地蜈蚣塘小古嶺三隘同治元年賊由慈谿犯上林學瀾擊卻之縣上其捷於本道給功牌並慎安局鈐記資以槍礮火藥及諸軍器四月二十三日賊由爹山撲張家地書耀以父命率所團宋在豐宋在田等陳山下槍斃賊多名賊敗遁翼日遣秉鈞赴縣獻捷至柳家嶴爲賊所要秉鈞死之賊遂踞孫境與相

持六月十七日諸團約分道擣賊巢書耀出張家地率三十餘人先至八字橋賊迎戰書耀勢孤被創陷淖中猶手刃二賊賊憤甚叢刃殺之學瀾方居守聞警即以開忠扼守張家地大小十餘戰皆捷九月二十日夜大霧賊設伏四山翼且賊偵三騎自竹山出開忠逐之礮鳴伏發四山盡賊熾學瀾率衆接戰於牛頭山至日午藥彈盡開忠戰死賊醢之學瀾傷左目僅以身免部下胡鼎乾金寶生戚存誠戚成法戚沛霖並陳亡事平書耀　賜卹如例鄉人於游源廟肖像祀之以死事諸人祔

鄭開友三山所農人也同治四年四月十三日粵賊二十餘騎由橫河直薄所城開友糾衆數十人聚石城南陴狙

伏伺賊騎臨橋皆大呼投石如雨下賊驚卻里許覘賊易與氣益揚相持移時城中居民得從北門出亡何賊大至猶併力死守賊分道犯東門衆始潰開友中槍彈死同死者黄三南陳盛炎張祥林並所人有胡銘寶者覘家園農人也多膂力嘗曰民多賊寡即互殺賊必先盡因礪刀誓殺賊一日賊至伏戶後伺賊入斫之凡斫三賊賊麕至一擁而入遂磔銘寶時五月十二日也

諸孔璋號南崖子耆英字以湘榜姓朱由附生應同治六年丁卯並補行甲子科鄉試符年例　欽賜副榜孔璋猶健在又二年己巳冬十月朱學士蘭七十初度會同縣耆宿於里第孔璋齒九十有七爲之長耆英適感疾不及預

廩生允治以冢孫撰杖從居末坐年亦逾艾矣於是會者十九人得年千一百八十有五歲 功令正途五貢及廩生年至八十鄉試三場完竣得 賜舉人增附生 賜副榜通十八行省膺此典者科不數人乃至試錄署巖侍下殆僅見而足當 熙朝人瑞也當順治朝曰徐致字繼邱年百歲著有聞見錄夢游艸農餘閒課康熙朝曰蔣其偉年九十四曰房啟賢年九十七澣山有百歲亭曰岑及先年百有二歲乾隆二十四年奉 旨旌表曰馬占友五世同堂乾隆五十六年奉 旨旌表曰諸生謝林書道光二十四年重游泮水亦五世同堂曰諸生洪光垕年八十五世同堂道光十五年奉 旨旌獎參寄龕戊志

朱粲字清如號竹溪性靜退舉止異常人侍父病帀月不解帶露禱乞身代額至墳起居喪杖而後起以諸生應鄉舉屢薦不售年未四十淡於仕進嘗闢小圃種菊以娛母花時間招文士遊賞之三十喪偶不復娶同治初徵舉孝廉方正用知縣分發江蘇未授官卒朱蘭撰家傳

朱逌然字肯夫蘭仲子同治元年進士改庶吉士散館授編修大考二等　賞緞匹充日講官遷侍講轉侍讀纂充六年丁卯科順天鄉試同考官九年庚午科山東鄉試正考官光緒二年以右庶子督學湖南轉左庶子六年春使竣擢侍講學士轉侍讀學士七年夏督學四川八年遷少詹事晉詹事留學政任是年冬以積勞卒於官年四十有

七遒然幼承父訓邃於經史兼及諸子旁通小學著有莊列輯注急就章補注以服官早勤於所職未及修訂刊布使湘捌校經堂於長沙以樸學課士力矯近人說經專輒之習捌船山書院於衡州表章先哲用牖後起使蜀當南皮張編修之洞極盛之後之洞所立尊經書院中經數政漸就廢弛及院長王闓運往復商榷整飭規範實事求是文教一振壬午鄉闈不靖當事者將興大獄以快私忿力持得傳輕典多所保全所至務袪積弊絕贅緣遇童子試貴家富室往往用財勢干縣府以第一人錄送學院遒然一以父蘭使湖北事爲法無所瞻徇試永順擯斥至八人痛懲代倩絕不姑息以杜倖進錄優行尤重名實不拘拘

以小楷試帖爲棄取延訪續學制行之士或未應歲科兩試亦破例收之輶軒經歷並有日記於山川險要古今沿革紀述特詳左文襄宗棠督畿輔邂逅傾蓋亟稱爲有心人中年卽世不竟所褒朝野惋歎子定基字伯鼎有雋才弱冠成諸生縣府院三試皆第一早卒亦爲時所惜寄龕師友錄

嚴蔚文字觀豹號霞軒同治七年進士卽用知縣改嚴州府學教授蔚文七歲父沒哀毀若成人比長遇母稍疾必親嘗藥輒夜不解衣生平嗜學歷五十年無一日閒居官尤以學行見稱於時時有嚴銓者號雪樵能詩兄弟三人友于甚篤

陳霖字商巖廩貢生以父沒後一日生遂自號由生幼時遇父忌日必泣遇母有疾輒籲天請代粵匪竄境被掠以母老號泣丐歸賊感其誠釋之霖生平篤學勵操闔邑推爲師表朱蘭父子尤器之晚年無子貧甚友人贈以金力辭不獲爲歲受其息臨沒仍以贈金歸焉

黃炳垕號蔚亭晚號孖翁幼凝靜有神解年十三聞塾師言日月五星繞地而行又云星月與地皆借日光故日爲君象還質曰日既爲君象何以與星月同繞地行邪識者異之比成諸生益嗜天算原本六世祖宗羲西歷假如諸書參以歷象考成晨夕推測積三歲學成同治初恪靖侯左文襄宗棠方撫浙奉　命測造沿海經緯輿圖知縣陶

雲升屬炳垕測縣境越六月圖成時稱精審學政徐樹銘得所著測地志要召叩所學深契之考充同治九年優貢是年及其子維瀚同舉於鄉明年會試罷歸杜門著述不復出順德李文田視學江西同縣朱逌然視學四川先後聘襄校巡撫梅啟照於省會立算學三致書幣皆固辭惟上元宗源瀚守甯波郲辨志精舍分六齋課士應其聘長天文算學齋凡十餘年遂開浙東算學學政祁世長以所著書移巡撫劉秉璋上　國史館越南兵興海疆戒嚴中樞檄取測地志要頒發諸統帥光緒十四年以學政瞿鴻禨薦　賞內閣中書銜是年續修會典館奏　旨下直省測繪鳥里開方圖炳垕老矣猶應巡撫崧駿聘勉渡江居

兩閱月參定其條例十九年冬卒於家年七十有九生平篤行誼以少日孤寒族父瀛乙授讀不受贄及瀛乙沒後人式微喪不克舉炳垕爲葬其夫婦六世祖祭田見侵於族人捐貲別購田供祀事知縣高桐爲立石記其事七世祖明御史贈太僕寺卿忠端公尊素有祠南城像燬於粵寇並規復之儒素賴硯田自給勇於見義類如此寄龕文賡黃子齊翁傳

孫宰寅道光二十七年母黃病危禱天刲股卒不起喪葬盡禮廬墓三年光緒十三年沒年六十六十七年欽旌孝子越郡闡幽王錄

胡日曜監生咸豐五年母沈病刲股母沒服未除不入內

室八年父汝淮病復刲股療之同治元年父陷寇不歸日曜矢志尋父徧歷金衢諸郡不避艱險者三年或告以父死并瘞所竟得父骸歸祖雲龍年九十六病危日曜侍奉衣不解帶者半年　欽旌孝子越郡闡幽攷錄先是有爲父刲股者曰羅焯曰諸生龔緯三曰胡賡颺曰張橋曰張槐爲母刲股者曰諸生孫熙鴻曰黃式度曰潘清祁曰童思飛

朱金卿字夏霖諸生年十二執祖母喪哀毀若成人家貧力學研究小學近思錄人譜等書品行端方鄉黨欽重著讀易管窺七易稾而後成族弟銘亟稱之銘字荷田歲貢生粤匪竄境銘侍母疾闔戶不離側母沒喪斂如禮賊感其孝至相約弗入銘室生平嚴操守知縣高桐延主講席

稱莫逆交然終高任無一字干謁也

邵曰濂原名維城字子長燦子以廕生補太常博士中咸豐壬子舉人捐升戶部郎　賞戴花翎旋成同治戊辰進士入庶常授編修轉江南道監察御史　記名簡放知府遷內閣侍讀學士歷充光緒己卯順天鄉試庚辰會試同考官壬午陝西正考官累官太常寺少卿大理寺少卿光祿寺卿太常寺卿以節次請假被劾免官尋卒以子濟捐振　恩賜開復曰濂性峻潔慎交游居京師二十餘年諸貴人爭禮之曰濂多不答官御史時奉　命巡查街道故事以是爲腴差曰濂任事後屏絕苞苴令以向有漏規作爲修費由是道塗整潔人皆稱便宮保崇厚使俄曰濂弟

友濂爲之副崇厚違　訓越權輕諾而歸友濂在俄待禮於是言者爭劾崇厚并言俄人要盟應與決戰曰濂上言和戰大計宜斷自　宸衷言戰者皆壹意沽名以　朝廷爲孤注倘輕聽其言恐誤大局云云其後俄卒改議遂定和約當其時京朝官競以條陳參劾爲能結社聯交日聚議於松筠草堂號曰松筠十友松筠者椒山先生祠也十友者當代某某諸公也諸公以曰濂直聲素著願引爲同志并有力勸入會者曰濂拒之曰吾職任臺諫建言固吾分內事何入會爲且此舉迹近朋黨并勸公等勿賈禍而招尤其人怫然而去曰濂志高氣邁不諧時俗而一生眞率血性過人奬掖英少振拔單寒尤如不及立京師會館

於琉璃廠梓桑託芘亦二百年挪舉云

楊文江附生父安早故事母劉極孝光緒三年十二月初十日夜半母所居西樓災文江方就書室離西樓數十武聞變驚起跣而奔遇抱子媼問母出否媼未及答遂冒火入母以鄰救已出而文江死於火時年二十二　欽旌孝子　越郡闡幽庚錄

謝腹樹父武生益三得狂疾每出不知所之腹樹年十餘輒徧迹之得父乃已一日益三出不歸腹樹偕傭迹之經旬餘徧浙東途遇友人告其父已歸因疾走回里足盡腫至則向所告者誤也意甚愴然卽日擬再出時母憐腹樹年少且重勞止之不聽瀕行泣涕矢曰此行不得父兒不

歸矣遂星夜往行次曹娥江盜覬其貲竟斃腹樹

袁愼正農民性至孝幼失怙恃即蔬食年十餘出嗣叔父聖疇聖疇早鰥貧而多病愼正事之維謹日出傭工夜必歸侍及聖疇沒哭泣盡哀廬宿墓側餘三年

胡仁期農民年未弱冠母童病危禱神刲股同時有胡莊構者亦以母病刲股聞

施啟瑞字覲初光緒元年　恩科舉人選授富陽縣學教諭甫受篆即倡修學宮捐置祭器尤勤於攷課士論翕然因富陽縣志自康熙朝迄今失修歲久在官十年孜孜以蒐訂爲事輯有志稾二十餘卷並手集富陽詩錄二卷董文恪文恭遺詩二卷學使潘學士衍桐嘉其留心掌故光

緒十六年檄校兩浙輶軒續錄在書局凡十閱月始終不勱旋以誠愨潔白多士歸心登薦奉　旨以教授在任候選未及選卒於官朱葆儒撰傳參兩浙輶軒續錄

孫岳森字松五邑之東横河人弱冠即潛心心學篤契良知之旨期於實踐三十舉副貢未幾卒士林惜之

徐辰號蓮峰父烝然死粵寇之難辰已成諸生一慟幾絕爲母在不敢殉食貧潔孝養益苦學歷歲科十七試並高等由廪膳生考充同治十二年拔貢　朝考入選用知縣分發廣西母老不赴旋登光緒二年鄉薦明年試禮部薦而不售歸授徒及門稱盛得其傳者皆成魁士嗣是以束脩益甘旨有嬴則舉以增祀產周戚族及母沒益澹於仕

進不復出所過從盡文字交暇則杜門讀書非地方義舉未嘗有所與卒於二十三年夏六月年六十有三

葉和聲字雅南燦子少好學淹貫文史以兼擅詩古文詞受知泰興吳侍郎存義入縣學旋補廩餼累試必高等由同治十二年舉人赴光緒庚辰大挑得二等用教職未授官卒於二十三年夏四月年五十八和聲早以績學能文有聲於時及門多知名士登科第者項背相望尤敦行誼父沒與兄和義弟和豐益友愛義豐皆早卒拮据撫育孤子女數人爲畢婚嫁如己出鄉里胥歎爲難能重修縣志與徐辰並在事未及觀成相繼告殂草剏之知發凡起例用和聲議居多同事尤惋惜之

餘姚縣志卷二十三列傳十六終

光緒重修

餘姚縣志

卷二十三

餘姚縣志卷二十四

寓賢

漢

梅福字子眞九江壽春人少學長安明尚書穀梁春秋爲郡文學補南昌尉元始中王莽顓政福一朝棄妻子去九江至今傳以爲仙其後人有見福於會稽者變姓名爲吳市門卒云福季女爲嚴光妻後來餘姚隱四明山所在著異嘗撰四明山記漢書本傳參廣輿記康熙志四明山志

三國吳

高岱字孔文吳郡人輕財貴義友八人皆英偉太守盛憲以爲上計舉孝廉許貢來領郡岱將憲避難於許昭家求

救於陶謙謙未卽救岱憔悴泣血水漿不入口謙感其忠壯有申包胥之義許爲出軍以書與貢岱還而貢已囚其母吳人皆爲危悚以貢宿忿往必見害岱言在君則爲君且母在牢獄期於當往遂通書自白貢卽與相見才辭敏捷好自陳謝貢登時出其母後隱於餘姚孫策命出使會稽丞陸昭逆之虛己候焉聞其善左傳乃自玩讀欲與論講有讒之者策乃囚岱知交及時人皆露坐爲請策惡其收衆心殺之三國志吳書孫策傳注　案康熙乾隆兩志有盛憲傳並稱憲遷吳郡太守去官居餘姚攷吳書孫匡傳注引會稽典錄當爲兩志所本惟羨居餘姚三字未知所據今附存

晉

賀循字彥先其先慶普漢世傳禮世所謂慶氏學族高祖

純博學有重名避安帝父諱改爲賀氏父邵吳中書令爲孫皓所殺徙家屬邊郡循少嬰家難流放海隅吳平乃還操尚高厲舉秀才除陽羨令移武康政教大行陸機疏薦召補太子舍人趙王倫篡逆辭疾去職元帝承制以爲軍諮祭酒帝幸其舟賜第一區車馬牀帳衣褥等物循一無所受又表爲侍中固辭建武初拜太常朝廷疑滯皆諮之循輒依經而對爲當世儒宗俄以循行太子太傅累表固讓帝命皇太子往拜焉循疾漸篤車駕親幸執手流涕太子親臨者三往還皆拜儒者以爲榮卒贈司空謚曰穆循與虞喜往來信宿邑有賀墅賀溪相傳循所家而游者晉書本傳參嘉靖志

郗愔字方回與王羲之許詢並有邁世之風徵除太常不拜出爲會稽內史羅壁山有虞國墅愔棲情此地每至艮辰攜子弟游憩後以司空臨郡遂卜居之晉書郗鑒傳參嘉泰會稽志

謝安字安石少有重名寓居會稽與高陽許詢桑門支遁遊出則漁弋山水入則言詠屬文除召不至棲遲東土年四十餘桓溫上疏薦安後雖受朝寄然東山之志始末不渝晉書本傳　案安居東山四明山志辨之甚詳見山川志

許詢字玄度與謝安支遁數往來宋樓扶曰過姚江而南村以許名卽玄度所居里四明山志

謝敷字慶緒會稽人性澄靖寡欲入太平山十餘年案嘉泰會稽志太平山有三而餘姚之山最著敷所居或恐卽此語詳山川志鎮軍郗愔召爲主簿臺

徵博士皆不就晉書本傳

齊

杜京產字景齊吳郡錢塘人劉瓛入東與之遊曰杜生當今之臺尚也於會稽日門山聚徒教授嘉泰會稽志太平山注京產所居日門亦太平山之别名也四明山志引華陽本起錄陶宏景謁於永明庚午東行浙越處處尋求幽異到餘姚太平山居士杜京產 建武初徵員外散騎侍郎京產曰莊生持釣豈爲白璧所回不就卒南史本傳

孔祐山陰人至行通神隱於四明山嘗見山谷中有數百斛錢視之與瓦石不異採樵者競取入手即成沙礫曾有鹿中箭來投祐祐爲之養創愈然後去太守王僧虔欲引爲主簿不屈南史杜京產傳

唐

謝遺塵唐末高士隱於四明之南雷嘗至吳中以語陸龜蒙龜蒙與友人皮日休各賦詩九篇傳於世嘉泰會稽志

孫郃唐末爲左拾遺朱溫篡位著春秋無賢人論歸隱白雲山四明山志

宋

程迥字可久應天府寧陵人家於沙隨靖康之亂徙紹興之餘姚孤貧漂泊年二十餘始知讀書登隆興元年進士卒官朝奉郎朱子以書告迥子絢曰敬惟先德博聞至行追配古人釋經訂史開悟後學當世之務又所通該非獨章句之儒而已曾不得一試而奄棄盛時此有志之士所

爲悼歎咨嗟而不能已者然著書滿家足以傳世是亦足以不朽絢以致仕恩調巴陵尉攝邑事能理冤獄孫仲熊亦有名宋史本傳

王俣字碩夫宛邱人政和二年進士歷監察御史建炎初扈從南渡遂家餘姚召拜右司員外郎故時常事白宰相徑行有當議者堂吏擬定左右司書名而已俣白其長省中事盡經左右司於是宰屬始得舉職紹興初命左右條具改正崇觀以來濫恩諸失職者爲飛語聞上免官復起爲兩浙計度轉運使時用兵巡幸轉餉無乏除戶部侍郎劉麟寇邊詔經理儲峙用度豐給忌者排之罷歸秦檜專國俣家居一十八年檜死起知明州召除戶部侍郎與廟

堂不合除工部尚書言者乘之罷歸隨卒侯節行剛方爲中興名臣子遴見列傳嘉靖志

陸寘字居安自山陰徙居餘姚好樂律考關雎鹿鳴諸詩抑揚皆合音律時時自歌之中正簡古聞者興起欲上書請用之鄉飲酒會疾病不果所居瀕江案嘉靖志云一室治西一里許蕭然數十年間几席書册琴樽之屬皆未嘗易好飲酒然不肯自釀或餽以家所釀亦辭不取曰法不可也其謹如此子洙登進士第爲鹽官尉迎養官舍期年洙卒寘護喪歸亦能自釋卒年七十渭南文集案紹興三年餘姚刻資治通鑑校勘姓氏有進士陸寘是寘亦進士時已徙姚矣

孫因晉餘姚令統之後自句章徙餘姚嘉靖志世家慈溪與兄囦從弟夢觀

自相師友安貧樂道博綜今古綿歷十稔每欲補越絕之所未載廣越賦之所未備做晉問成越問一篇其引曰掬清泉之潺湲友過雲之溶洩訪樊榭之杳靄棲石窗之玲瓏並餘姚勝景寶慶會稽續志案康熙乾隆兩志並移入列傳然自他邑始遷宜入寓賢今從嘉靖志

高似孫字疏寮翰林學士文虎之子開禧間詩人居甬上晚年遷姚江鮚埼亭集

張永洛陽人以醫術爲翰林醫學與太醫令李會通同時先是會通治宮中病用煎劑弗效永議爲散進之即愈詔擢會通永同授駐泊郎從高宗南渡因家餘姚後登進士官至禮部尚書著衛生家寶小兒方傳世子孫精醫者皆以駐泊爲名乾隆府志府志原案駐泊宋時沿爲官稱郎字則以其階加之耳萬歷志疑醫內無此

名蓋本係武臣內侍差使之名非醫官本階也八世孫經見方伎

蔣峴字伯見奉化人性剛不阿慶元二年進士授太常掌故改武康令有治聲調嵊縣燭幽擿奸民以爲神後拜右諫議大夫事有不可必廷辨面折端平初除殿中侍御史兼侍講侍讀史嵩之欲開督府與樞密李宗勉論不合私請劾之峴曰宗勉無過可言臺諫乃耳目官豈受私情耶嘗劾鄭艮臣上曰艮臣嵩之所舉峴對公論不容臣不知嵩之也嵩之復以書罪蔡範袁肅等峴曰此有用之才不可誣也歷官至刑部尚書以寶章閣學士乞祠歸幅巾布袍娛情詩酒築別業姜山之墅游歌旬日不倦觀者望若神仙中人居恒自矢曰勿欺心勿負主勿求田勿問舍號

四勿居士宋史本傳參四勿祠志

元

戴良字叔能浦江人通經史百家暨醫卜釋老之說學古文於黄溍柳貫吳萊順帝用薦授良江北行省儒學提舉元亡變姓名洪武五年遷居餘姚石堰泰湖自稱泰湖漁隱與謝肅丁鶴年痛哭四明山水間其詩不忍讀也著九靈山房集明史本傳參九靈山房集康熙志

王士毅字子英本秀州人後爲餘姚人嘗任蘆花場典史非其志也棄去從事於正學黄贇庵講道於慈溪之杜洲書院遂往從之益知道德性命之奥自是所造愈粹而行愈高或有欲援之爲祿仕者不爲少動環堵蕭然妻子凊

坐相對終無戚容久而鄉里亦澟然異其爲人有岑樗峯者亦黃氏徒而先生之鄰也相與同遊湖山閒唱和甚樂嘗有句曰陶潛千載友相望老東臯因自稱東臯處士戴九靈銘其墓宋元學案

明

滑壽字伯仁號攖寧生先世襄城人祖父官江南因徙儀徵至壽徙餘姚壽學儒於韓說日記千餘言操筆爲文辭有思致尤長於樂府京口王居中名醫也壽從之學授素問難經旣卒業請於師曰素問詳矣多錯簡愚將分藏象經度等爲十類類鈔而讀之難經又本素問靈樞其閒榮衞藏府與夫經絡腧穴辨之博矣而缺誤亦多愚將本其

義旨注而讀之可乎居中躍然稱善又參會張仲景劉守眞李明之三家而會通之所治疾無不中旣學鍼法於東平高洞陽嘗言人身六脈雖皆有係屬惟督任二經則包乎腹背有專穴諸經滿而溢者此則受之宜與十二經並論乃取內經骨空諸論及靈樞篇所述經脈著十四經發揮通考隧穴六百四十有七制方處劑隨意低昂輒奏異效世皆以爲神爭延之以一決死生爲無憾年七十餘容色如童孺行步蹻捷飲酒無算天台朱右摭其治疾神效者數十事爲作傳宋玄僖稱壽有道之士不試試於醫所著書具藝文有項昕者字彥章與壽同時自永嘉徙餘姚受醫於朱彥修陸簡靜陳白雲戴同父得其傳治疾病決

死生亦往往奇中然不及壽昕偉儀觀美髭髯目光如電世以爲異人又善音律辭章其於醫嘗著脾胃後論以補東垣之缺明史本傳參嘉靖志乾隆府志注引萬歷志一婦孕患腹痛呻吟壽隔垣聞其聲曰此蛇妖也砭之產數蛇得不死又一婦臨產而死視之曰此小兒手捉其心耳砭之即甦少頃兒下大指有砭跡姚人所傳如此壽無問貧富皆往治報不報勿較也與朱彥修齊名在淮南曰滑壽吳曰伯仁鄞越曰攖寧生子孫爲餘姚人知府浩是其孫康熙志弟子得其傳者駱則誠吳溫夫案滑壽項昕嘉靖志入寓賢乾隆志謂舊志人方伎蓋據康熙志而未見嘉靖志也然康熙志習儒書於韓說晚與宋信最善云云與嘉靖志合乾隆志既增改明史原文而於康熙志又加删節遂令後人但知其醫之賢而忘其賢之實矣

劉球字求樂安福人永樂十九年進士少以避難隱居姚江數年從學者甚衆授禮部主事尋改翰林侍講正統六年王振用王驥征麓川球抗疏不用雷震奉天殿球上言

宜先者十事欽天監彭德清凡天文有變皆匿不奏倚振勢公卿多趨謁球絕不與通德清恨之遂摘球疏中攬權語謂指振振大怒會璘疏上振誣球同謀下獄殺球邑人成器爲文祭之事傳播遠近球子釴事舒後以提學至浙造器廬而拜之執子弟禮甚謹乾隆志叢談參明史本傳

黃省曾字勉夫吳人以詩經魁南都舉進士不第遂棄去自號五岳山人時王守仁講學越中省曾遊餘姚執贄道席每班坐請疑問至卽答無不洞中杜門著書聲譟一時乾隆通志引名山藏

王朝式字金如山陰人奉嫡母司馬氏居四明山天啟元年從沈國模遊明年及劉宗周門崇禎四年宗周家居朝

式與祁彪佳王毓蓍秦宏佑等啟請於上已主學會名證人月之日如之已復請四日爲證人小會越中講會之盛自此始九年宗周應召北上嗣是從國模講學姚邑南郊之尙友堂三年立義學於半霖後爲姚江書院時朝式母司馬居山中朝式還以告司馬喜謂若所助幾何朝式以烏膽之麓田三畝許捐助之卒年三十八宗周爲文祭之姚江書院志略

蔣士銓字右艮嘉善人諸生王翊結寨四明大蘭士銓參軍事者三年山寨破翊被執人多散去獨士銓以死從辛卯八月初五日先翊受刑賦絕命詞翊在獄爲文祭之全祖望撰王翊墓碑

國朝

孫誙字鳴岐湖州人從叔人龍主蕺山書院誙往依焉後之餘姚燭溪高禹傳以女妻之誙性豪邁薄名利讀書過目成誦諸子百家靡不該貫兼通兵法力舉千斤而未嘗自言著文集及類書若干卷詩宗陶韋多古體有所作援筆立就羈姚十餘年卒於蓮池庵庵僧佚其名亦勝國遺民與相契甚蕺山志

宗稷辰字滌樓會稽人道光元年舉人戊申己酉閒主講龍山嘗著示龍山書院學者說其略曰此地爲緒山先生隨陽明王子講學之地昔之師生何等襟期何等氣象至今可思也自師道不立弟子以會文爲故事聞懶於衣冠

且懶持筆硯其自高者或懶於步履遂懶於卽日交卷一念之放縱其端甚微久之成爲積習先賢所以啟迪良知者豈如是乎不佞今來鄰邑凡來學者如自家子弟也先要教之禮讓導之誠篤然後可以復本心之良使優游以造聖賢之域若任其長敖遂非而不加誨誡則忝居此席何爲耶又著勸及門蚤起説其略曰天之有朝暮也所以教人之勤而戒人之逸也曙色既明羣動皆作衆人或尙寐而一人獨蚤興則人必賢之矣或疑其偶也逾日又復然則疑者亦信之矣北山之詩曰或息偃在牀或不已於行彼以士子偕從王事至勤與惰之待於自明其事之叢脞而卒作之無其人固可想也若夫萃州里之士於講學

之所視朝廷徵發亶覺其事之可寬況聚而考藝且永日時在庚伏知者尤以爲從容即有徐徐以興紆紆而來者君子固無責焉然今日之就學者即異日之從政者也勤於學自不荒於職苟玩愒於所學之日而冀其盡瘁於將來人皆卜其不能也即或迫於勢則勤輕乎理則惰而此一刻之縱情自恣計較勞逸不幾昏昏然一無志之人乎自不佞南歸見吾郡之百工多晏起而士尤習爲固然初謂有疾者然也乃無疾者類然親之過愛與師之不督與抑身之不勝與比比者幾不遑責焉茲來姚江講社一再課課期夙興以待見有一生率其徒而來者心異之及次期復先見之愈服其有恆遂命先作故其歸也獨先夫論

文之地何能以一蚕起爲殊尤然充此恆心以向學雖爲聖賢而有餘特加獎焉以勵儕輩知余深有望於羣士之振興而非私厚夫一士也稷辰勤於講學常居院中韓孔當俞長民以後能於會文之時發明良知之緒者稷辰一人而已

汪鈺字文虎宜興人以外委從軍縣人謝敬立常勝軍禦粵寇鈺領前哨扼鄮下隘同治元年八月賊以馬隊襲其後衆潰死之

餘姚縣志卷二十四寓賢終　光緒重修

餘姚縣志卷二十五

列女傳一 梁明二后仍舊志冠於卷首不另標目其餘悉以時代爲次

梁文宣太后

高祖阮修容諱令嬴本姓石高祖納爲綵女天監六年生世祖尋拜爲修容常隨世祖出藩大同六年六月薨於江州內寢時年六十七歸葬江寧縣通望山謚曰宣世祖卽位有司奏追崇爲文宣太后承聖二年追贈太后父齊故奉朝請靈寶散騎常侍左衞將軍封武康縣侯邑五百戶母陳氏武康侯夫人梁書本傳康熙志阮太后父石靈寶餘姚人寓武康生女有姿容天監元年選入生元帝爲修容賜姓阮氏乾隆府志案元帝紀帝母在綵女次侍始褰戶幔有風回裾帝意感幸之綵女夢月墮懷中遂孕天監七年八月丁巳生帝舉室中非常香有紫胞之異武帝奇之因賜綵女姓阮進爲修容

明孝端顯皇后

神宗孝端皇后王氏生京師萬歷六年册立爲皇后性端謹事孝定太后得其懽心光宗在東宫危疑者數矣調護備至鄭貴妃顓寵后不較也正位中宫者四十二年以慈孝稱四十八年四月崩謚孝端光宗卽位上尊謚曰孝端貞恪莊惠仁明媲天毓聖顯皇后會帝崩熹宗立始上册寶合葬定陵主祔廟明史本傳 乾隆府志引萬歷志后五世祖蘊居邑之雙雁鄉洪武十九年爲抽取民兵隨駕入京充校尉陞錦衣衛百戶子賢順天府學貢生歷鎮江府教授賢子杞中武科除定海衛鎮撫杞子正入鄞縣學例貢爲國子生正子偉生女一選中宫萬歷六年大婚禮成賜偉秉年伯子棟錦衣衛指揮僉事 黄宗羲書神宗皇后事雙雁鄉小聚落有上黄南黄因其姓以名其地皆宋名萬河者支庶也明初句軍最苦黄氏皆改爲王成化開宗伯黄珣提學黄韶教諭黄伯川始復本姓先是洪武十九年上黄王蘊充軍入京積功至

錦衣衛百戶歷五世賢杷正偉未嘗復姓偉有女名喜姐神宗選爲皇后萬歷六年二月英國公册立張居正奪情副之神宗問后近屬時新建伯王正億方貴盛后遂以正億對及偉封永年伯餘姚兩伯皆歸王氏於是偉之近屬在上黄者復由黄而改爲王　毛奇齡勝朝彤史拾遺萬歷朝皇后王氏餘姚人父偉以后貴封永年伯上丁承平久好靜攝一切章奏盡留中不下后封識藏弆每語一事即隨取上之宫中皆稱后德比孝貞焉四十八年崩先葬定陵未及上尊謚光宗崩熹宗立始舉大禮上祔廟后與新建伯守仁同族時守仁孫承勳方襲爵上嘗問后家有官乎后對曰猶記新建伯妾猶子行也見在京翌日召見坤寧宫賞賚甚厚因奏差爲南京守備十九年提督操江掛漕運總兵官印三十五年加太子太傅用
皇親品服時稱餘姚王氏有二伯聞者榮之

晉

虞潭母孫氏富春人吳主權族孫女也初適潭父忠恭順貞和甚有婦德及忠亡遺孤藐爾孫氏雖少誓不改節躬自撫養劬勞備至性聰敏識鑒過人潭始自幼童便訓以

忠義故得聲望允洽爲朝廷所稱永嘉末潭爲南康太守値杜弢搆逆率衆討之孫氏勉潭以必死之義俱傾其資產以餽戰士潭遂尅捷及蘇峻作亂潭時守吳興又假節討峻孫氏戒之曰吾聞忠臣出孝子之門汝當舍生取義勿以吾老爲累也仍盡發其家僮令隨潭助戰貿其所服環佩以爲軍資於時會稽內史王舒遣子允之爲督護孫氏謂潭曰王府君遣兒征汝何爲獨不潭卽以子楚爲督護與允之合勢其憂國之誠如此拜武昌侯太夫人加金章紫綬潭立養親堂於家王導以下皆就拜謁咸和末卒年九十五成帝遣使弔祭謚曰定夫人晉書本傳

虞預女富春孫晷妻也預與兄喜並有高名世家多求預

女預擇壻未有許者𣊬年少孝友世家亦多願妻之皆無所許獨慕喜兄弟行誼於是聘預女女家奕世富貴妝遣甚富𣊬亦侯家子吳伏波將軍秀之曾孫而常布衣蔬食躬耕隴畝女之歸也其父叔戒之曰棄華從質以諧夫子女迺奉父之教察𣊬之心甘淡泊躬辛苦亡富貴之態而樂儉素如固然𣊬甚安之相與耕織以給衣食事親讀書怡然自適君子以爲梁鴻夫婦嘉靖志

唐

姚娘貞觀時人佐夫勤儉成家好施與周里黨鄉人感其惠姚嘗曰何有何亡黽勉求之凡民有喪匍匐救之沒後里人思慕不已祠祀廟山東麓名姚娘廟今圮乾隆府志引東山志

宋

胡宗伋妻莫氏通經學曉音律作詩文如慧男子女紅之事不習而能年踰三十擇配未嫁聞宗伋賢許嫁之夫婦志合敬恭如賓而以詩書朝夕相摩甚相樂也姑宣屬疾莫籲天焚香爇臂祈代鄉人憐之爲作孝婦詞案乾隆志誤作祠宗伋好急義莫副之無怠宗伋嘗開義學教訓鄉族子弟館穀之莫脫簪珥治具無吝宗伋嘗挈妻子就南宮試客久甚困親故勸之歸莫持不可日助宗伋訓學徒給衣糧必成名乃歸遭金兵犯闕倉卒南奔宗伋感疾艮苦莫勞勉之曰丈夫當如是强志報其弟姪書謂定翁父子自恨儒生無可報國死生非所論其顛沛引義慷慨如此門人

孫介輯其書以比曹氏七誡嘉靖志

汪氏二貞女父僧一長寶蓮受劉義門聘次淨蓮受上虞李光孫聘二壻相繼卒二女私誓曰我等雖未成婦然受聘矣可再許纓邪苦守堅貞終身無玷乾隆府志引東山志

孫介妻張氏子應時宰常熟縣爲郡將捃摭被鐫降張曰但不得罪於公論足矣窮達非所計也應時閒廢累年不肯附權臣求進菽水不繼人皆勉以祿仕張獨未嘗一語曰使吾兒失節以爲養不如麤糲爲甘燭湖集

莫子純母虞氏生而詩書若素習既歸莫屏抑聰明一家麤重晝夜辛苦無所厭怨而高筆雅韻常存事外夫死焚約棄責趣其子子純學後子純發解南宮及廷試俱第一

虞無喜色時虞已老憂不及覩其成歎曰花朵既開只看花無澆者矣已而子純連外補虞亦無慍容常曰吾憂吾兒不及古人他復何覬後子純卒能以節義自持爲時名臣虞之賢成之也嘉靖志

高公亮妻戴氏衢州人父樸世稱奇士戴六歲父沒已不勝其哀長涉書傳習筆札凡所長未嘗衒於外母舅豐誼愛之擇公亮妻焉舅國佐生理素薄而收䘏孤遺用常不給戴貿服珥以進無吝色舅姑沒佐其夫執喪哀慕不懈竭力治葬家益落攻苦食淡怡然自若公亮多出周旋諸賢閒或彌年歷月無内顧憂以戴善處貧也孫應時撰墓誌銘

李友直妻史氏太師浩女也少讀書識義理年十九歸友

直事舅姑謹舅姑沒喪之極哀比葬猶不茹葷歲時祀事蠲潔鼎俎必身親之雖甚寒暑無怠性無矯飾平居儉約謙謹見者不覺其爲宰相女也孫應時撰墓誌銘

莫友妻葉氏慈谿人年三十夫沒屏膏沐自閉匿保抱一子二女使就學知禮法日夜紡績處大族閒承上接下無閒言子叔龍年不四十亦死一孫始生不半歲又死於是立從孫爲後常曰天不弔我既重罰我吾撫教此孫庶幾有立猶不負莫氏之先廟其綜理細大惠顧戚疏一如平日年六十九孫應時撰墓誌銘

岑斌妻王氏早寡或利其貲裝欲强委禽王曰留貲以買禍不如結義於是盡散以周宗黨甘自衣麤食淡勤苦織

紝朝夕訓其遺孤全曰吾與汝不幸孤寡汝苟不學是彰父之早死明吾之不慈也及全登科有官訓之曰汝不及事父幸得事君無苟祿位愧既死之父辱未亡之身有司欲上其事於朝王泣令全謝曰婦人最不幸夫早死以保有其遺孤又何以不幸聞卒年八十二嘉靖志全自有傳

胡辛一妻萬氏事舅姑甚孝持家嚴正得大體辛一毁清秀寺寺僧賄所知以冥報說萬氏萬曰寺僧不法當毁逐吾方慫恿之顧止之乎其不惑如此東山志

茹瑗妻倪氏元兵入境大肆淫掠瑗走見大帥面責之遂被害倪聞與夫女弟瑩並死明洪武初詔旌其閭曰一門三烈東山志

元

王文榮妻張氏名妙眞宣慰副使嘉閭母也性至孝事舅姑先意承志姑老且死祝曰願新婦如我壽且後多賢以報新婦孝云後生嘉閭兄弟五人延良師教之趣令從諸薦紳游以故嘉閭昆弟俱有才望妙眞初以高年有德被旌至嘉閭貴封太原郡君壽百有四歲子孫曾玄幾百人如其姑之祝妙眞家孫伯純婦張氏年二十一而寡卽自誓曰所不鞠吾孤奉吾舅姑毀節負吾夫吾無以出吾閭王氏族戚衆張爲宗婦有志節閨門以爲儀則州里上其事與妙眞同日被旌世傳異之嘉靖志

張義婦燭湖居民高氏女也許嫁而夫瞽張父母介媒者

曰吾子不幸瞽高氏女惟其改卜所歸父母將諾之女涕泣曰男女通名禍福無改命之所遭義無離貳今夫不幸瞽我遂棄之而彼卒以瞽受凍餒我何面目立人世耶父母悟卒歸於張鄉閭高其行號曰義婦嘉靖志

姚孝女通德鄉吳氏婦也父早世母何無子養於女家泰定甲子冬鄉多虎一日女執爨而母出汲俄聞覆水聲女亟出覘則虎銜其母去女追擊虎尾穎脫不可執因握拳毆虎虎驚舍其母母傷而未絕藥之獲愈奉母踰二十年而卒嘉靖志明史有傳

韓孚妻黄氏名妙權歸韓五月而寡以夫兄子賓爲後至正初守上塘千戶曳剌知其殊色欲娶之媒者以權貴動

妙權叱之曰千戶受朝命鎮撫民者乃欲奪寡婦志曳剌不敢强既而方國珍驍將葉某欲脅娶之操刃劃檻曰敢越此戶議婚者吾以頸血濺之葉聞而歎曰吾爲男子臨陳不能死彼婦人乃肯輕生誠羞之卒全其節嘉靖志

楊彥廣妻董氏名淑貞仲安女也性行溫淑以孝謹聞適彥廣生子鎮甫歲餘彥廣死淑貞年十八姑老子幼其母憫其年盛欲奪而嫁之淑貞以死自誓屏膏沐躬紡績樹藝甘苦淡以業其家而養其姑姑甚安之姑病劇淑貞焚香禱天刲股肉雜糜食之姑遂獲愈已而姑卒淑貞哀毀幾不能生閭里以聞表其門嘉靖志

張正蒙妻韓氏山陰韓性女紹興兵變正蒙死難韓同縊

女池奴投崖以殉次女越奴亦守屍餓死元史有傳案事蹟詳張正蒙傳

羅氏二節皆朱姓梅川人姑婦也姑早歲守志撫孤子至長娶婦生孫甫三齡子又卒姑婦藉紡績以活備歷艱苦其志弗回鄉里好義者往往稱兩氏志節其孫詳頗勤讀而祖母與母尤能力教之成人宋僖避兵寓其鄉爲賦詩紀之庸菴集

鄭傳一妻徐氏元季人傳一督理漕務過黃河溺死徐年未三十聞訃慟哭曰我夫沒於王事宜也特葬魚腹中爲慘耳遂毀容矢志撫其二孤比長教以詩書循循有法度子稍有過泣與杖俱下後二子並以孝友聞闡幽錄

鄭劍南妾董氏年十六歸鄭嫡性妒酷虐之無幾微怨迨嫡卒劍南年已七十餘家業蕭索董事之謹劍南死董年僅三十無子竭力營葬苦守三十餘年闡幽錄

明

盧仲艮妻湯氏名展娥初仲艮娶陳氏生子祥甫三歲陳死湯年十九歸盧結褵未久仲艮病革臨死與湯訣曰吾向娶汝本期養親託幼今我復不幸非但幼無所託且遺親之悲又重以累汝因嗚咽不能言湯未及答而仲艮絕湯跪牀前地矢曰我此身雖父母遺體今既不幸能不辱於義豈不有光於父母我終當奉君之親長君之孤一爲君婦遂嚙指血漉口中復滴仲艮口以爲信因慟哭絕而

復蘇見者慘然及葬術家卜兆曰此爲中勿易湯少偏之曰且留一穴待我三年有鄰嫗來爲媒湯曰俟我入所留穴然後言年至六十未嘗爲容鄉父老欲上其事湯聞之曰是吾職分上事奚以旌爲人以是益賢之趙孜古遺集

沈璿妻張氏永樂初璿父德莊任和州吏目父子相繼逝世遂家焉時氏年二十三生一子銘甫三歲姑哀之欲令改節氏泣曰妾無夫姑亦無子妾或他適姑何所依屢廢飲食奉姑教子卒年九十二和州志

張員妻徐氏鄱陽人進士勉之之女也能讀書鼓琴爲詩歌父母難其配見員有奇節歸之員家素豐饒至員愛義好施後乃不自給婦入門未嘗以貧苦少嬰其情時遇飲

食不繼，與員終日淸坐，援琴而彈，有遺世之心。其姑年老被疾，婦扶持保抱，動旬浹廢櫛沐，卽無恙時漱盥不少怠。菽水之薄，未始不得其歡心。姑每歎曰：傷哉吾貧久矣，然吾得至今日，吾子曰熙熙而忘憂者，抑吾子婦之力也。嘉靖志

員女適慈谿王伯壎。員善識鑑，常奇其女，教之經義。及適伯壎，生三子：來，工部尚書；復，刑部主事；鼎，御史，終廣東僉事。封太夫人。相夫教子，一以古人爲法。伯壎旣沒，手書箴訓，諄諄以竭忠報主爲規。來征湖廣時，手製汗衫遺之，云：非爲不足汝所，特使汝知我尚康，庶得安心王事，不以我老爲念耳。及凱還，復戒以毋自矜伐，以全居美之道。母賢而子並顯，傳爲盛事。乾隆通志雜記引天啟慈谿縣志

孫原吉案通志作元吉乾隆志作原忠妻陳氏名妙善年十九而寡子汝宗纔一歲父母憫其年少議改嫁妙善抱原吉主泣曰所未從君於地下者以姑老子幼耳今欲奪吾志旦暮且相從奈幼子老姑何慟絕父母乃不敢復言妙善守志四十餘年有怨家訟言非節者汝宗嚙指自繇明母節表其閭事具汝宗傳嘉靖志

魏仲遜妻霍氏名淑清歸仲遜以孝順聞產一女而仲遜死淑清年方盛翦髮毀形自明其志以終身焉正統間詔表其門嘉靖志

邵宏學妻汪氏少有至性年少夫亡有謀奪其志者汪拊膺慟絕良久得甦復欲自經先後謹守之乃免教育遺孤

坐臥一小樓行不踰閾終身無笑容至孫蕃成進士始下樓微笑不櫛沐者數十年髮蓬結如帽人呼爲搭帽太婆詔表揚之嘉靖志參姚江事蹟案里人目其樓曰搭帽樓在東泰門今尚存

王氏二節王紳妻范氏紳弟綺妻鄒氏也范二十而寡鄒之寡加范一年遺孤俱幼父母舅姑恐其志不堅皆速之嫁范乃斷髮自誓鄒恆佩刀衣閒約曰有欲勸我嫁者願以此刀加頸衆莫敢强妯娌相依勤苦織絍撫孤養老終其身詔俱旌之嘉靖志

史錦妻楊氏林女也年二十一而寡親屬憫其年少無子速之嫁楊仰天大慟曰妾聞婦人從夫死生無二妾雖無子幸吾夫有弟在安知其無子無爲吾夫後者失節之婦

行同狗彘寧死不爲乃斷髮自誓躬紡績養姑凡十餘年夫弟生次子曰鵾楊育爲後又十年姑死而楊已老縣簿劉希賢具以聞詔旌之嘉靖志

顧氏二節蕙妻高第女莧妻黃源女也蕙莧兄弟皆少亡各有一男俱在襁褓二節婦娣姒相依絕無他志初高氏躬築蕙墓有烏飛集悲鳴墓成乃去莧之喪貧未克葬鄰火將及莧棺黃伏棺號慟願與俱焚忽大雨反風火滅鄉里異之上其節詔旌其閭嘉靖志

胡鎧妻謝氏贈太傅瑩女也歸鎧生子三歲而鎧死謝年二十餘舅姑已亡單隻無依或諷之嫁乃罵絕之鞠遺孤躬力作業其家閨門推焉詔旌表之嘉靖志乾隆府志弘治間旌

黃忠妻周氏年十七歸忠七月有娠而忠沒更七月產一男朝夕祝曰願天鑒此血誠俾吾兒成育吾夫有後吾志酬矣有欲奪其志者伸指引刀將斷自是莫敢有言更適者甘身貧苦衣食單缺未嘗嬰情然撫教其孤養其舅姑日夜紡績資給之白首不懈事聞被旌嘉靖志案乾隆志誤入國朝

吳天祚妻馮氏案乾隆府志作陳氏疑誤馮顯女也夫病羸自分必死語馮曰愼勿辱我馮泣曰敢有二心鬼神殛之夫卒號慟屢絕勺飲不入口日抱其孤撫棺泣曰我之不卽從若死者爲此子耳其母家有欲强使改節者終身絕之事聞表其廬嘉靖志

毛暕妻潘氏侍御史楷女也年二十二而寡舅姑恐其未

能從一止營一壙葬其夫潘哭曰安有生同室死可不同穴者耶棄營再營二壙家羅大疫衆逃匿或遠之潘曰我寡婦可出毛氏戶耶且爲未亡人與死鄰耳死即無異其後匿者皆疫潘獨無恙有司上其節詔顯其門 嘉靖志

胡悅之妻黄氏名金蘭元理女也年二十五而嫠子在懷抱舅姑恐其有他志嘗之曰惟汝所欲之金蘭慟不勝葬其夫旁置一榔明不更適蓬頭突鬢勤苦業家教其子鐸發解舉進士歷顯秩累贈太宜人表其賢節 嘉靖志

滑志能妻汪氏字德清永言女也有女行歸滑五月而夫死德清年二十家貧無子含哀茹荼防檢甚固晝夜紡績以節自全事聞被旌 嘉靖志 乾隆府志 天順二年旌

楊芸妻薛氏天順癸未芸以鄉貢試禮闈是年禮闈災芸焚死薛氏尚豐少誓無他志成化壬申大風雨水暴溢漂没廬舍溺人室家奔徙薛獨處一小樓樓不堅妯娌趣使下樓同徙薛曰吾義不出此戶其志操如此詔旌表之後以子簡貴贈太孺人嘉靖志乾隆府志弘治間旌

姜榮妾竇氏名妙善京師崇文坊人年十五爲工部主事榮妾正德中榮以瑞州通判攝府事華林賊起寇瑞榮出走賊入城執其妻及婢數人問榮所在時妙善居別室急取府印開後窗投荷池衣鮮衣前曰太守統援兵數千出東門捕爾等旦夕授首安得執吾婢賊意其夫人也解前所執數人獨與妙善出城適所驅隸中有盛豹者父子被

掠其子叩頭乞縱父賊許之妙善曰是有力當以舁我何得遽縱賊從之行數里妙善視前後無賊低語豹曰我所以留汝者以太守不知印處欲藉汝告之今當令汝歸幸語太守我自此前行遇井即畢命矣呼賊曰是人不善舁可仍縱之易善舁者賊又從之行至花塢遇井妙善曰吾渴不可忍可汲水至井旁吾將飲賊如其言妙善至井旁跳身以入賊驚救不得而去豹入城告榮取印引至花塢覓井果得妙善屍越七年郡縣上其事詔建特祠賜額貞烈明史本傳

謝遷妻徐氏性慈和嫺女訓以賢孝稱弘治間累封一品夫人嘗宣召入宮禮度雍容應對詳雅孝肅皇太后甚稱

賞賜金花一枝卒年七十餘遣官諭祭營葬事東山志

謝選妻陸氏蘭墅女也歸選三年而寡年二十二止一女誓不改行後數載選兄遷生次子丕陸撫爲子教之甚有恩丕後發解及第官吏部侍郎累封太淑人詔旌其廬年八十六卒特賜祭葬又以節壽加賜寶鈔三千貫當世榮之嘉靖志

胡宗廣妻何氏宗廣素抱羸疾一日登東邱語何曰樂哉斯邱吾死必葬焉其與爾共之乎未幾疾革何泣訣曰所不念樂邱之言者有如今日及營壙何即虛左扃以待時何年二十三子標甫二歲竭力撫之標事母亦至孝章宗伯楓山爲著節孝錄以表之東山志

徐文元妻章氏諸生黼女也文元舉進士而死時章年二十八斷髮矢志家貧不能葬遭鄰家火作風張而夫柩在下風章望火泣拜願天反風已而果然正德壬申秋海溢水暴至柩已漂矣章伏柩號慟柩輒定躬織紝爲衣食撫養其幼孤其後孤亦死章卒無二志詔爲樹桓焉嘉靖志

王氏二節㷍妻陸氏灴妻陳氏也㷍灴兄弟皆早世陳無子陸始娠㷍病革謂陸曰汝年纔十八歸我僅數月勿自誤陸曰郎君言誤耳君若死吾所娠子耶存以撫之否者與君偕死矣㷍死陸刑面毀容哀不勝喪越七月產一子撫之如初言陳亦守志無違其父母諭之曰姆氏幸抱子汝乃何依室自苦陳曰吾知身爲知子因斷髮誓其父母

立灴弟之子爲嗣嗣復夭於是二節合資併食攻苦茹淡身不踰閾遇薦祭感愴相對涕泣終日嘉辰令節不作懽笑容見之者亦爲罷懽有司上其事並表之嘉靖志

諸仕俊妻舒貞慶女也年十八歸仕俊數月仕俊將客授焉謂貞曰或謂我今年歲行不利客授奈何貞曰盍行也家所資焉不行人將謂我何於是敦趣之客未兩月訃至貞哀慟輒絕爲位朝夕泣而奠曰嘗也奉湯曰饋也奉梳曰櫛也奉其故所衣服曰服也輒痛不自持聞者無不下涕如是者三月無一日不然仕俊骨歸貞親營墳瘗之去家一里而近時往展墓悲哀延竚不忍去每哭曰所未同穴者爲姑在也其姑念家貧謀嫁之貞曰甘紡績奉姑終

身若嫁但有死耳慕貞者乃重賂貞父母貞知不免紿父曰俟我薦夫畢惟父所欲適於是賣其裝擇日治齋供供畢漏下四十刻矣速其母與姑就寢乃沐浴衣之麻衣被以長衰牢結之截餘帶用素帛裹其足取夫婦舊所服御實一篋種火而自經俄而火熾衆驚赴之貞已絕矣時弘治己酉十月三日云嘉靖志

聞人才繼妻黃氏愷女也才以鄉貢病沒黃年十八無子家至貧無可恃或諷之嫁黃曰婦人之節固不係於貧與無子也且吾夫前妻之子在雖貧吾能鍼線紡績爲衣食計遂守志無變詔表其閭嘉靖志

諸永言妻鄭氏年二十一而寡家徒壁立子選方二歲勢

莫能存夫兄通於鄰嫗誘之改適鄭罵絕之誓死不變以節壽終孫敬之登嘉靖戊戌進士疏請得旌康熙志參乾隆志

吳江妻李氏蘭風鄉李四女也舅姑與夫俱感疫李周旋湯藥晝夜不息者旬月姑瘉而夫與舅俱死李哀毀斂葬之家故貧更此兩喪益無所賴含哀紡績養姑及其幼子而已恆凍餒時年才二十其明年澄水黃某謀娶焉其夫族吳玻者貪賄無恥人也黃厚賂玻使嘗其姑以劫之李誓死不從玻又百計令其親屬交勸更說卒無變志玻知終不可奪隱與黃氏及父家約稱其母暴病遣輿迎李令肩輿者輿至黃李氏不疑其詐倉卒登輿然非故道心異之數問輿者亦詐對已而及門非母家也姑亦尋至布几

席速李出輿成禮李度不可脫佯諾曰妾所以不欲嫁者爲姑老無依今姑既許之妾復何言然妾自夫沒後未嘗解帶澡身必湯沐乃成禮也又問其姑聘禮幾許姑以數對徐曰謹藏之辭色從容衆以爲誠喜具湯湯至求如廁久不出闢戶視之則已經矣嘉靖志

滑鳳妻陳氏歸滑未期而滑行賈荊湘間十一年不歸衆謂滑已死舅姑欲奪其志陳泣曰使鳳果死婦當以死事舅姑苟生還而媳婦已嫁婦固置不論在舅姑亦何以解其子乃斷髮誓之已而鳳果還數月復去無歸期時婦已舉一子舅姑就衰家業益落婦飢寒辛苦未嘗有幾微怨正德十六年秋大疫姑疫且死婦焚香籲天曰夫客外而

姑遘危病惟神默佑俾姑更生得再與其子一面妾終身無恨遂刲其左股和羹進之姑病獲愈嘉靖志乾隆府志嘉靖三年旌

莫潤妻沈氏美儀容莫家貧甚潤復暴悍不治生沈勤苦紡績善事之養姑尤孝而身恆凍餒既生子益不給潤促其妻曰一時不怕羞三日喫飽飯汝好爲之沈曰但有匃乞爾潤曰乞來食豈能飽我我要大塊肉耳沈潸然泣曰除此但有一死潤知不從乃陰與富者約改嫁之沈遂縊死其前有任烈婦夫鵬死婦年少親屬欲奪其志自沈於江葉烈婦案任烈婦佚其父家姓葉并佚其夫名今變例書之夫死姑奪其志祭其夫縊而死胡東昇妻魏氏昇死縊以殉國初岑武治妾郝氏雖不死其節尤著嘉靖志

孫燧妻楊氏正德乙亥燧將巡撫江西舟至錢塘遣楊歸楊已喻其意隱憂戚戚及聞變慟絶復甦曰吾固知江滸之別爲永訣也即命諸子水陸分途赴難未幾櫬還宗鄉議曰柩自外入俗所忌楊曰吾夫殉國而柩不入中堂非禮也竟奉之正寢朝夕哭踊盡禮進諸子語之曰吾不難即死勉存殘息以汝曹未成立也後三子皆官京師迎養邸第楊顧感愴猶昔遇忌日輒悲咽廢食先是楊七十生辰宗戚往賀戒諸子謝卻閉門慟哭衆惻然而散其八十九十也皆寓京師復如前生平無疾病不近醫藥年九十二卒撫孤者十餘年見諸子貴顯曾元繞膝享榮養者二十餘年乾隆府志

孫陛繼妻楊氏名文儷仁和人工部員外應獅女也陛初娶於韓後娶於楊諸子登進士者四人太保吏部尚書鏞禮部尚書鋋太僕卿鎔兵部尚書鑛皆楊教之示鑛詩云何待三遷教傳經有父兄蓋謙詞也楊精帖括斷決不爽相傳鑛會試後錄其文呈母母笑曰淡墨雖書第一未免齧筆似魚非文之絕品也或言楊有壽年過百齡著有孫夫人詩一卷見藝文乾隆府志引靜志居詩話乾隆志叢談引玉劍尊聞楊爲詩麗以則課諸子如嚴師鑛少時嘗戒其友曰以札來者幸毋詭毋詎歷吾母而後及我愼之也由此子姓所交無匪人無匪言

胡東皋妻孫氏燧從女弟也東皋家寒素業儒苦不給孫躬紡績脫簪珥佐之及東皋守寧國孫不忘舊時業至自調靑藍爲染手常龜東皋或勞苦之孫曰勤劬吾性也東

皋繼妻陳氏定海人性淑慎不以貴顯忘厥素卒年八十二賢與孫氏埒並贈恭人滸山志

鄭五常聘妻熊氏嘉靖乙卯五常年十九隨父鳴陽松江讀書父病侍湯藥焚香乞代不寢食者月餘父痊而五常卒熊氏年十四聞訃急欲奔喪父母止之女志不可奪七日不食死鄭譜

謝麐妻馮氏嘉靖十六年夫與舅姑相繼沒三喪並舉家大窘馮撫遺孤至長不能具脩脯日口授之居與夫從兄丕連宅姒毛與之粟不受曰紡績聊可資生此粟當別周飢者苦節逾四十年卒東山志參闡幽錄

史茂妻谷氏父以茂有文學贅之於家數日鄰人宋思徵

債於父見氏美遂指逋錢爲聘物訟之官知縣馬從龍察其誣杖遣之及谷下階茂將扶以行谷故未嘗出閨閤見隸人林立而夫以身近已慚顏發赬推茂遠之從龍望見以谷意不屬茂也立改判歸思思率衆擁輿中而去谷母隨之至思舍谷呼號求速死斷髮屬母遺茂思族婦十餘人環相勸慰不可解乘閒縊死從龍聞之大驚捕思思亡去茂感妻義終身不娶明史本傳

徐遂妻祝氏澤女也年二十三而遂死生一女撫遂之幼姪爲後秉志不貳卒以節顯詔表其門嘉靖志

徐選妻張氏年十九而夫亡守節無玷表其閭嘉靖志

王忠妻陳氏魁三女也忠補潚江儒學生而卒時陳年二

十五苦節不改被旌嘉靖志　乾隆志　嘉靖十三年旌

張椿十七妻陳氏性端嚴不苟言笑夫死祇一女長字人一日鄰嫗有詈失雞者語侵陳陳曰吾以女故忍死以至今日今女已有家乃不能死而受辱彼婦之口耶即閉戶絕粒其家人涕泣饋飲食陳自戶隙接而置之終不食如是十日不死已自斂其手足形縊而絕康熙志

謝志望妻陶氏會稽陶諧女孫也嘉靖乙卯志望禦倭戰沒斤嶺陶年才二十七慟哭屢欲從死念遺孤當撫隱忍十餘年輔頰閒無日不有淚痕卒以哀死東山志

邵潮妻鄒氏嘉定知縣一本母也潮攻苦力學病瘵將死語曰汝年少子幼成立未可知我死汝亟去毋以我累也

鄒驚起取佩刀跽牀下泣曰夫子猶不知妾請先夫子死潮皇遽起奪其刀血已淋漓矣因相與慟哭未幾潮死鄒居喪摧毁骨立終身茹蔬衣敝惟嚴課遺孤讀父書隆慶元年一本成進士時新築南城一本以母素不飲井水而取諸江居本臨江而城隔之守臣以情告得請南城之有恩波門自鄒始乾隆志參闡幽錄

朱孔思妻白氏薊州人案乾隆通志亦作薊乾隆志及府志作蘇孔思以縣尉需次卒於京斂畢白自刎靈前事聞賜葬建坊有司春秋祀之康熙志

汪氏五烈汪材繼妻符氏性嚴介不輕言笑私一物嘉靖丙辰案汪譜作乙卯倭奴犯境汪氏娣姒倉卒謀避入山符曰賊

躡我後必受辱不若死於水之爲潔也乃促舟至菱池賊已逼符謂娣案乾隆志誤作姊下同季妻夏氏從娣桓妻宣氏案采訪作褚氏曰此吾等潔身處矣同行者錦妻老符氏其祖姑也曰吾忍獨生乎遂連袂投池中賊見之駭散材前妻女名吉媛方垂髫亦投水死里人以一門五烈上之臺使會遷秩去未及奏旌闡幽錄

國朝陳梓題汪氏一門五烈詩倭奴寇海上污我東南民窈窕金閨女聯袂供笑嚬山谷盡喪氣波濤空怒奔汪氏有五烈誓不與鹵存從容娣姒間死所商話言入山不如水保我芳潔魂惟彼祖青菱池菱花方鮮妍照我三婦容明月何娟娟回頭盼祖姑含笑攜女孫團圞入清波各灑冰雪春馮夷亦驚喜水氣成五雲綱常大家事私之在一門應令造物妒孤根枝不繁惟有池底泥千載如瑤琨

韓塤妻項氏塤諸生氏名昭少閑書史操翰製詞技巧絕倫又不挾所長敏修婦事年二十三塤卒昭欲俱死念母

寡恐傷其心勵志貞節鄉少年慕昭者爭賂伯氏求姻昭峻拒之居恆佩刀自衛有謀俟展墓刦諸塗者母兄同行不獲則爲流言詬辱昭乃擲刀曰吾今可無防矣彼智計俱困故辱我自退耳立伯子銀生爲塡後親授書課拓復舊業邑人錢德洪作釋刀傳表之乾隆志引萬歷志

史鸞妻陳氏知府雲鶴女也鸞中弘治十年舉人卒陳年二十六雖宦家婦蕭然四壁一夕鄰火及鸞柩陳伏棺號慟願俱焚而火滅或勸他適陳曰須臾無死人不亮其心耶縊絕而蘇嘉靖十九年旌乾隆志引萬歷志

宋公文妻金氏公文諸生得厲疾將死一夕驚醒謂金曰汝弟蓄名已列榜且連捷我則已矣尋作詩以訣有堂前

老母悽雙鬢膝下誰人嗣一經之句金每誦之愈益悲痛後蕃果如夢將之任邀姊偕行不許贈以金不受曰汝此去當爲清官毋爲我先自竭也躬力操作葬祭以禮年六十三卒闡幽錄

周如登妻沈氏年二十四而寡舅姑俱耄伯氏如底仕廉而貧沈忍死操作奉老撫幼六十年屏居一室羣從子姪罕見其面母家亦不往乾隆志引萬歷志

謝用模聘妻呂氏名成用模太傅謝遷孫也性端淑父少傅本閒出上所賜文綺畀之拜受如不勝退則篋而扃之獨衣麤縞用模年十四舉於鄉上春官至吳門以痘卒成聞飲泣廢食有議姻者卽絕粒死乾隆志引萬歷志參闡幽錄姚江事蹟采邵

家人詩成姑生小泉綱常一死堪增二相光慚愧弇州大手筆祗憑同姓記曇陽王弇州文集曇陽子傳注曇陽子相公錫爵女

史立模妾馮氏京都人初立模娶於蘇生子夭已乃置馮久之無子又納維揚李氏李旋病瘵立模不復御一日立模受檄將之他郡馮請召李立模曰彼已廢無已寧汝可耳則紿曰諸候立模既寢忽抱李置臥內去李遂孕踰年生子自上馮鞠之如己子後五年立模自惠州知府歸卒李已先卒後二年蘇亦卒自上甫八歲宗人覬產時攘臂起馮以死力爭之自上從羣兒嬉遊則撻之曰吾爲汝千辛萬苦始得汝今家運微史氏祀不絕如綫而若此耶泣與杖俱下自上後領嘉靖四十三年鄉薦仕至平陽府同

知焉沒爲服三年喪乾隆府志參闡幽錄

史立恆案史譜作立桓妻潘氏婉淑有志操年十八歸史姑魏性嚴立恆亦酗酒暴戾及立恆死魏以喪子愈虐其婦杖不足又捽而嚙之潘問寢上食愈益虔忍痛撫孤卒康熙志

丁時妻孔氏年二十三夫亡子任方二歲行孕未彌月茹飢服寒治麻枲爲食二子長使求名師事之任又早世歲乙卯倭入寇行負母以逃賊至縛行母奮身救護賊斷其左臂而死血淚交下賊亦動容遣之歸葬乾隆志引錢德洪慈節傳

王棋妻朱氏棋之祖諧父渭皆夭祖母胡母嚴少寡食貧棋又短折婦年二十二生子練甫數月瘠田數畝量所入爲十二分每月用米一分煮粥作糜沈者奉姑浮者自食

苟是月有意外之需借月米措給則忍餓勤作以補不足不移餘月之儲穅粃糟糵樹根菰實莫不遍食以自度又掩覆其事以慰姑心練長教之持書隨人問字久乃出課童子以助母食嚴壽終婦鬻田易貲以終喪葬積勞成病而歿年五十八 乾隆志引錢德洪王孝婦傳

唐景禹妻徐氏景禹登嘉靖丙辰進士卒於京徐聞訃慟絕再日始甦年二十三營葬戒爲兩壙曰吾不久入此矣日夜呑泣不食舅姑慰之稍進食家故貧盡毁衣飾爲舅姑養以終其天年晚益不給依寡母績紉臨終晝見舅姑與夫曰何不早攜我而久苦我以生也嫠居四十五年冰操如一日 乾隆志引萬歷志

陳孟愷繼妻傅氏，南京人。孟愷以祖蔭爲南詹事主簿，卒時傅年十九，悲愴欲殉，念已有身五月，稱未亡人。比免身得女，獨處一室，與女相依，不苟言笑。以前室子三省貴，封太宜人。乾隆志引萬歷志

潘秉彝妻徐氏，燦女也。年十九夫亡，斷髮毀容，奉姑甚孝。家貧歲凶，機杼取活。鄰火將焚柩，徐身蔽之，火隨滅。年一百三歲，被旌。乾隆志引萬歷志

諸暲繼妻蔡氏。暲嘉靖庚戌進士，卒時蔡年二十，痛甚，毀衣飾，縊柩側，救甦。持齋衣縞終身。家貧紡績，至不能舉火，誓不向人稱貸。病，飲之藥，辭曰：「未亡人以相從地下爲幸，何藥爲？」年踰五十，有司憐其苦節，月贍穀二石。乾隆志引萬歷志

邵岱家通志作垈妻陳氏通判有孚女也岱入贅一月病歸而
故陳聞訃過門慟絕而甦葬畢母勸歸陳曰生死歸邵而
已時年才十六嗣子無似望其孫之有立篝鐙紡績使就
讀身爲師氏焉萬歷辛卯旌乾隆志引萬歷志

翁璧妻錢氏適璧二年璧病錢刲股以進竟不療誓以死
殉屏飧凡七日既念祖姑及姑在宗姻無可依者室既罄
懸身且乏嗣日夕紡織贍養兩姑姑嚴猶時譙呵之夫之
女弟及甥女皆幼孤翼而長之四時享薦不以貧缺矢節
六十年知縣鄧林喬知其孝白學使給湖田四十畝後復
爲勢家所奪乾隆志引萬歷志參闡幽錄

陳克華妻楊氏歸三月克華卒時氏年十九甫斂鄰火殆

及楊憑棺慟姑力挽之不起哭曰願同燼烈燄不令死者獨受慘也火遽熄閭里歎異伯氏舉仲子請於舅姑抱哺爲克華後獨處一室非執婦事不及堂非布素不御一日夜半疾雷破柱閨室震驚楊枕柱臥若無所聞嘉靖間表其閭曰貞節乾隆志引萬歷志

諸璧妻李氏年十八而寡家貧紡織事姑以孝閫所生遺腹既娶婦有孫後姑老死而子婦相繼夭沒煢然一身家益旁落百計撫二孫復成立族黨稱之乾隆志引萬歷志

陳氏二節有智妻李氏有谷妻姚氏始笄之歲姚二十九李二十一初有智娶一年其季父克宅攜之松潘任病卒克宅貽書慰李甚至李泣言大人豈以是堅我哉微大人

寧有二心者久之室燬編茅以居娣姒相依過者寂不聞人音已與羣從共建一寢未遷而姑卒二氏欲斂於新室同室不許姚曰吾豈以煢故詘姑喪乎姚負屍李扶之竟置新室乾隆志引萬歷志

任正妻潘氏洪女也年二十八正卒上事下撫辛勤備嘗子春元嘉靖四十一年成進士隆慶二年册立東宮恩詔春元爲刑部郎具奏表其門後兩奉恩贈明制凡節已贈者例不得旌而潘兼之誠異數云乾隆志參闡幽錄

楊山繼妻徐氏年二十而寡案乾隆志作年二十一山多媵諸媵妒徐每持其長短於姑諸媵有過徐乃曲護之媵有子即抱哺如己出宗女孩而失母撫之如己女生平非閫內事不

言非門內親不見煢然一室貞靜自如自髫而艾守志三十年後以伯子文煥貴封太宜人乾隆志參闡幽錄

聞人詩妻李氏江蘇崇明人詩諸生先娶張生四子而張卒遊學崇明遂繼娶李無何詩卒李年才二十四閭里稔其賢爭願得之李扶櫬大慟絕而復蘇語四子曰而父彌留不能言以目視我而指若意以若屬我我心許之矣乃毀顔誓守身力紝績課子讀徹旦不休常歎曰吾所藉以報夫在此子耳後子金和成萬歷十一年進士爲延平守考最封李太淑人以壽終乾隆志參闡幽錄

嚴金妻翁氏金爲時泰孫美文才以咯血死翁年二十一無嗣且貧再遭姑及祖姑喪而舅又喪明力持家事取辦

十指間不墮其志乾隆志

楊九韶繼妻羅氏九韶以進士兩宰鉅邑家徒四壁生三子然皆非羅出羅年二十三而寡慟絕復蘇視諸孫獨家孫宏科異乃抱而泣曰吾不即死者欲成此兒耳於是苦身力作以教其孫後宏科由進士爲御史羅年已六十餘閭里賢之上其事被旌乾隆志參闡幽錄

黃稔妻章氏二子皆妾生稔卒長子大綬未周歲章撫之衣食皆出十指大綬年十五充庫子役每出章輒移兀子於門向治所待大綬歸始食守節數十年郡邑表之乾隆志參

黃氏續錄

趙復所妻黃氏世家婦也其舅姑秉政頗嚴少不當輒詬

詈諸子及婦黃每事必引躬爲夫任過徐壽二人夫有弟甚愛黃曲體之凡衣履酒漿之奉必推其腆潔至從師問學皆有贊焉竟與叔成立而處妯娌尤有恩禮每操作女紅及井臼之役黃必身先之且兼妯娌之不逮者以貸責於姑一切相規相勸無形骸之閒處四十年如一日生子曰貞以學行著復所于役四方黃篝鐙課讀丙夜惟勤凜之以義方不一假嚬笑遂成令器劉宗周趙母黃碩人七十壽序

黃氏二節國宗妻應氏年十九國宗卒國安妻鄭氏亦早寡應有遺腹子維祖鄭其撫養成立苦節垂七十年府縣給勁柏聯芬額雙旌之乾隆志參闡幽錄

陳四七妻項氏四七天閹數年死舅姑勸之改適項曰舅

姑無他男何以爲活未幾舅姑死家業零落項負貧自守有勸爲尼者項不應廬舅姑墓側紡績終其身乾隆志參通志案通志入

國朝

徐宏基妻胡氏名昭幼通孝經女誡宏基有足疾納采後知之父母欲離婚昭不可歸宏基即出簪珥求善藥匍匐夜禱中庭積歲而宏基疾愈宏基好讀書慷慨爲善一日坐酒舍有以銀鐺易米者舍人子不應宏基取家米與之翌日有見鐺者曰吾家失物也指爲盜宏基父素惡其慷慨擠之水宏基抑鬱死是時昭年二十七有子二哀痛欲自殉姑曰獨不爲二子地乎排戶救之踰年父母憐女鰥顇與舅姑議欲奪其志昭曰異日自罄之繩尚在也議乃

息孫岱　國朝順治五年舉人有文名乾隆志參康熙志乾隆府志

鄭養銳妻于氏年十七歸鄭鄭諸生任俠好施未幾卒于年二十四哭之暈絕復甦既而家中落于日夜織紝課子光國讀尤能敬事舅姑同里每欺陵之于集宗黨告曰未亡人以死爲期豈利害所能怵哉遂截去其髮觀者失色相戒不敢犯里中薄德者聞之俱爲感化舅疾革夜半告天割臂以進舅病遂愈守志三十六年子光國　國朝順治五年舉人乾隆志參乾隆通志案通志入　國朝

黄尊素妻姚氏上虞人年十六歸尊素尊素爲御史與楊漣左光斗魏大中李應昇諸君子晨夕過從語及羣小陰謀輒形之歎息賓退姚進曰公等不能先事綢繆徒作新

亭之泣乎尊素既被逮姚每夜祈死北辰之下願以身代逆奄就誅賜章服三品姚初不自異詔其伯子宗羲爲復社領袖南國與諸生顧杲等公訐閹黨阮大鋮其爲揭首大鋮後柄用中旨逮治姚喟然曰豈意章妻滂母萃吾一身耶國亡得不及於難壽八十七卒山陰劉宗周常熟瞿式耜皆稱之曰女師乾隆通志

胡心宇妻孫氏性愛潔首膏沐不蓬衣履故郎易心宇客都門比屋族子以爲冶誨也數過其廬相問訊孫廉其意不淑輒謝去不爲禮族子銜之搆蜚語孫聞泣告姑曰婦年少而夫遠出奈何以穢語相辱婦惟有一死不獲終事姑矣姑召族子痛斥之孫憤恨終不釋潛自經死夫弟異

孌且力弱不敢訟其冤貞烈遂不彰闡幽錄

勞世臣聘妻熊氏名瑞案乾隆志作端年十八聞世臣卒守貞不嫁坐臥小樓五六年父母議他婚女聞之謂其姑曰女求不辱父母而父母必欲女辱何也中夜沐浴潔衣履自經死闡幽錄

謝甲妻呂氏年二十歸甲甲病瘵三年時里中嫠有以穢聲著者甲聞謂呂曰寡婦難作如此我死當速嫁呂泣曰是何言萬一夫子不諱妾當先俟地下未幾甲病革呂經紀斂具訖鍵戶自經越女表微錄

施錫齡妻盧氏年二十夫故即欲身殉姑曲慰之乃囑夫兄錫元造生壙誓無他志偶歸省父母里媼有餂以言者

氏即興歸泣告其姑祈速死是夕闔戶自經闡幽錄

謝澍生妻施氏邦曜從女也性純孝年十餘刲股療母疾及歸謝侍姑疾復以刲股聞澍生嘗教授在外氏知詩書訓其二子仲子轍登崇禎九年鄉薦年六十稱觴遠近士夫咸歌詩介壽頌其純孝云闡幽錄

施伯善妻徐氏貞靜寡言工女紅年甫三十伯善沒哭之三絕三甦孝事舅姑喪葬盡禮守節四十五載卒年七十五施伯進妻章氏通列女傳孝經等書年二十九夫沒繼姑嚴厲章事之以謹孝稱卒年八十八施譜

胡旻妻陳氏生二子廷禮及璋而旻卒陳年二十七撫廷禮之頂而泣曰汝父棄汝天若相汝等有成汝父雖死猶

不死也事舅姑奉祭祀寅畏不倦遺孤既長教之親師友循循有賢聲陳曰汝等各有樹立胡氏門祚不墜吾死無憾矣有司欲上其事陳命廷禮致悃愊力辭曰此分内事耳有司重其言而止胡譜

朱文魁妻徐氏年十六歸朱朱諸生氏父厚裝送之見夫貧因悉市嫁時物奉舅姑甚至居三載舉一男而夫卒徐慟絶更甦母家勸改適投江遇救得免由是績紝刺繡爲朝夕需歲歉糟糠自饜而奉舅姑甘旨之養四十餘年如一日未幾子死遺四孫復撫之成人里士欲聞之執政徐拒曰婦事舅姑分也且吾舅姑有少子婦彰吾之孝不形彼之不孝乎年九十六卒朱譜

朱廷標妻張氏三歲喪母事繼母孝既歸朱朱爲諸生舅義泉薄宦積俸不給繁指張市嫁衣佐之舅病篤夫密禱願易算一紀病果愈張曰君能禱舅吾豈不能壽君亦密禱於天願分己壽日勤績紝佐生理課子讀嚴督慈撫耄年操作以率諸婦比疾棺槨衣衾製皆自命年七十二朱譜

謝起龍祖母王氏江西人都司若蘭女也性慧熟孝經崇禎十四年若蘭入覲回舟鄱陽遘疾女才十四禱神刲股進之獲愈提學郭都賢表之曰純孝及歸謝端重有儀範御下寬嚴得體嘗自節以周戚黨鄉人私謚恭惠闡幽錄

金一龍妻黃氏夫早沒黃截指自誓立從子爲嗣與姑相依熊氏子欲娶之母黨利其財紿令還家間道送於熊黃

知勢不可挽願搜括所有以償聘金不聽相持至夜深引刀自刎未殞其姑聞之急趨視黃曰婦所以未即死者欲姑一面耳今復何求遂抉喉以絕郡邑聞之斃熊氏子獄中時崇禎十五年也明史李烈婦傳

阮應辰妻金氏初阮官漳南金隨任及任浙江都司先遣金歸舟過七里灘有寇環索金帛金大聲曰我阮都司妻也都司名清官安所得金與若寇逼之躍入江死明日求屍不得以所臥簟浮於江視之簟行里許忽自止即其下乃得尸阮痛之終身不再娶東山志

陳尚禎妻景氏開明女也歸尚禎鬻簪珥以供甘旨未幾尚禎自石門病歸景與子婦刲股進藥夫沒景將服滷家

人急救解且嚴備之乘閒登小閣縊死乾隆志

嚴三接妻錢氏幼喪母育於祖母趙年十四趙疾篤錢刲股和藥而病愈後父病夫病竝如之股凡三創而三愈姑患嶡舅患膈皆衣不解帶奉侍不倦乾隆通志

張孔教案東山志作陳孔教妻孔氏孔教累官四川川南道在瀘州死獻賊難語在本傳先是孔教因賊勢猖獗遣孔與其子以衡歸且授孔匕首曰脫不幸遇賊弗爲所汚孔拜受之比至家坐臥不暫離匕首後以衡得孔教訃懼母之必殉也祕之一日孔閲以衡書麓見周兵備請卹疏號慟隕地入室卽引所授匕首斷喉死闡幽錄

鄭遵謙妾金四姐會稽人遵謙官義興將軍從魯王至海

上爲鄭彩所害金每祭夫必縛草人書彩姓名寸斬以侑食彩聞之投金氏海中後海水泛溢屢顯靈異人稱金小娘娘大清一統志參乾隆志殉義錄

王烈女監國兵部右侍郎翊女也字黃宗羲子百家年十三翊殉難後以國朝例沒女入勳貴家爲杭州將軍部下參領所養參領憐其忠臣之女撫之如己出女亦相依如父及參領欲爲擇配女出不意自刎參領大驚葬之臨平山中全祖望撰王翊墓碑乾隆通志女爲營將所掠有劉弁欲娶之奪劍自刎弁義之遂以劍殉葬

沈之泰妻吳氏無爲州知州日鑄孫女也之泰官中書從魯王殉節死吳聞之慟絕而蘇者再有司簿錄其家吳慷慨曰身爲名家女夫子爲當世名人義不爲夫子辱即自

縊案康熙志云縊不死服滷卒縣遣典史來視虛實典史手去其冒面之楮屋上忽墮甎盤典史手典史呼譽退走卻顧曰烈婦哉烈婦哉乾隆志引舊通志

姜道元妻來氏蕭山名家女也崇禎十二年濟南被圍道元署臨清州事山東布政司理問死難來聞自沈署後湖中攜其子廷樑同死闡幽錄

張詵妻鄭氏詵以事累南雍沒時鄭年二十三斜舅屬迎柩歸子廷用甫五歲伯叔強暴利其產日思蠹之鄭集宗黨謂之曰吾雖有是子而形神非永世者願得從子撫之為嗣以成吾志得允蠹者泯心娶婦高氏生四孫璪璟珉璁年九十七誓節七十三年疾革命諸孫析家貲禮遣其

從子又曰爾祖逝京痛慳一面輀車雖還不能無疑汝異日析葬庶慰我心姚江事蹟

朱高姑字柔端徵士之瑜女也六歲喪母哭泣如成人事親能先意承志崇禎末年甫十二三即佩利刃晝夜不去身其妗駭問之答曰今兵戈騷擾脫有不幸藉此畢命免受羞辱耳字同邑何氏以舅出仕忿恚遘疾未嫁而卒日本安積覺撰舜水先生行述

李開國母某氏開國從魯王至舟山殉節其母聞之泣然曰有子殉忠我願慰矣遂自縊死閨幽錄

姚成妻袁氏成爲北城兵馬司副指揮死闖賊難袁爲棺歛畢與十三歲幼子逢元俱殉有老僕亦從之閨幽錄

鄒光繩妻葉氏四川參政憲祖女也歸鄒數年而寡無子矢志姑白病葉刲股雜藥糜以進姑病獲愈康熙志

鄒光紀母郁氏年二十四而寡嫡子使改適郁欲自殺而止守志終身康熙志

孫德光妻魯氏翰林時昇女也年二十三而寡有一子二女而子又夭魯自號幻離次女以母孤寂不忍離左右遂終身不嫁二婢感其德亦從侍至死康熙志參闡幽錄

邵洪化妻翁氏大立孫女也洪化諸生翁姙子曾可數月而洪化死年二十四教曾可使向學繼姑諸齒少於翁翁孝事之後翁病篤曾可與婦孫同時刲股得復甦論者謂節相成也乾隆志　國朝咸豐八年旌參邵譜

施良心妻吳氏年二十而寡子時學未週歲家徒四壁撫之得成立既而時學與婦俱早世復撫其幼孫邦曜親教之後邦曜疏請旌表累封淑人乾隆志

史可憲聘妻鄭氏可憲病卒女聞屏膏沐捐粒食父憐之曰女毋自苦吾行爲女擇夫壻矣語未竟女頓足號哭一慟幾絕竟奄奄以卒可憲祖舉其柩歸葬於祖墓側後三十年夫弟可志以子後之又爲合葬於勝歸山之麓乾隆府志

案闡幽錄亦作鄭氏乾隆邑志采訪册作鄒烈女學杜孫女考史譜又作錢氏未知孰是今據府志

陳武妻杜氏案乾隆志作何氏慈谿人武早卒四明山流寇至杜走避母家遇賊匿橋下爲賊所得杜抱橋柱大罵賊舉刃連斫至死抱柱不釋　國朝乾隆三十年知縣陳九霄表

其閭曰貞烈闡幽錄

汪恆道一作宏道妻王氏恆道明季官光祿寺丞沒於任壬年二十四嫠居不窺戶順治五年會征四明山砦營卒逼之引頸受刃死乾隆志

勞士毅妻鄭氏年十八而寡兄弟欲奪其志氏嚙臂自誓八莫敢復言卒全其節乾隆志

黃渤海案府志名光志妻某氏渤海從軍西興累加都督從黃斐至太湖兵潰服蟒玉自沈水中其妻亦投入太湖闡幽錄

翁氏三節守成妻韓氏年二十八夫故撫孤宗實成立卒年九十守節六十二年守成子宗實妻袁氏年十九生子煇彌月夫故與姑韓氏同守苦節年七十五卒守節五十

六年宗實子煇妻周氏夫早世撫二子文華文采成立年踰六十而卒乾隆志參翁譜

朱瑛妻李氏年二十而寡孝事太祖姑撫幼叔孤姪成立卒年八十五乾隆志

宋岐妻李氏年十八歸岐五載而寡撫子志仁居小樓紡績非祭祀足不履地守志三十年康熙志案通志作國朝人

羅桂芳妻王氏桂芳諸生死羅守節二十年不離孝服卒年七十八縣學表其閭闡幽錄

胡堯卿妻趙氏夫故守節撫子承錫成立官陝西西安府經歷承錫卒妻王氏年二十九守志六十年胡譜案乾隆志作國朝

閨人徽音知府金和孫女也工詩所配非偶憤鬱而卒著

有樊榭詩選慈谿鄭梁謂徽音詩思沈興逸刻景鏤情能不寄人籬下乾隆府志

朱苕妻周氏以宜家睦鄰動合理義爲鄉里矜式苕愛妾某周無幾微怨且多方顧䘏苕卒爲擇人厚嫁日給無倦時比之程武陽君姚江文獻錄

伍憲文妻周氏世稱賢母嘗著家範其略曰治家之道正内爲先孩提朝夕母側動靜言笑不可不慎若視爲無關切要而習氣即與爲轉移況母子感應尤速習善習惡基於少時少敦循良性情純粹稍長教便易入爲母者縱不能胎教於此克謹猶爲先著所謂少成若天性也至婦人語言出入最防疏漏孝翁姑宜家人主中饋勤紡織何有

暇日俗云不紡花走人家搬是非尋嚷罵所必至者禮始於謹夫婦辨內外予以爲正內尤重若爲男子者宜奉命於家長家長用心必均平士農工商隨質所近使各就一業不可偏私於其間事宜分任則分任以遞考其成功一年之計在乎春一日之計在乎寅甯起緊毋落後萬事皆然又貴有積蓄切莫罄其所藏取快目前諸如晴煮飯雨煮粥菜飯飽布衣暖皆格言也世每以老成告誡爲常談略不經意便甚害事老成之言由閱歷諳練所致小子乃逸乃諺以昔人爲無聞知此頑懦之輩必至喪家敗身聖賢懿訓具載經籍讀書者當自得師而婦女凡庸輩亦須時爲講解使各知所警云又著閨訓三十一則幾二千言

世以比莫氏家訓伍譜

孫有聞妻來氏姑史寢疾來絕兒乳哺姑孫如法傳

餘姚縣志卷二十五列女傳一終　光緒重修

餘姚縣志卷二十五

列女傳二

國朝

黃宗羲妻葉氏名寶林明按察使憲祖女也少通經史有詩二帙清新雅麗時越中閨秀有以詩酒結社者葉聞之蹙然曰此傷風敗俗之尤也即取己稾焚之不留隻字年十七歸宗羲事舅尊素甫三月尊素下詔獄知縣祁逢吉疑其亡命操兵到門闔族遁逃僮婢駭竄姑姚計無所出坐石臼中葉獨侍立在旁不離尺寸洎宗羲訟父寃得贈廕祭葬葉遂典衣鬻珥以助葬費宗羲興義師從魯王葉密藏匕首以死自誓偵復壁以飦饘資御車之行李顛沛

引義志節不渝卒前二日猶自提水一瓶火一鑪以供姑之薰沐其賢孝如此乾隆府志參黃百家上顧炎武書

黃宗轅妻宋氏明連江知縣德洪女也年十七歸黃九載而嫠訓其子百祿有古豪傑風賊襲萬里欲殺之以計脫導官兵擒之當事者欲授以職辭不就黃宗羲請慈谿鄭性書茹櫱成孤四字表其閭姚江事蹟

姚某妻馬氏順治五年山砦亂馬氏被驅出門投洋溪死其夫失婦以爲被掠入神祠卜贖不許卜棄又不許出廟見溪中鬒髮鄰鄰與波動搖挽出之則馬氏也闡幽錄案通志坿

黃鏞妻汪氏傳

孫十洲妻陳氏臨山人順治初流寇犯境官兵逐之寇去

而兵縱掠衛城陳走南門兵以手牽之陳曰弗牽我當隨汝行至弔橋突躍入水翼日出屍顏色如生里人陳碩公建祠祀之亟哀以詩云氷魂仍返舊家門賴有俞娃作弟昆時有俞女遇兵同殉而祠內祔饗焉故陳詩及之東山志

黃鏞妻汪氏順治五年四明山砦亂　大兵進討居民上山爭避鏞負母汪抱孩叔行事急母脫匿鏞轉抱其弟二卒追及一執鏞一執汪逼汪上馬汪曰寧殺我斷不汝從二卒曰不殺其夫彼終不去擬刃向鏞鏞避之未創汪曰寧殺我毋殺我夫卒復牽其髮汪攀荊哀慟卒怒鞭扑交下汪引頸呼曰速斷我頭不從汝遂斫之仆地卒去猶能言至家而絕又有黃聖質妻姚氏兵逼之不從兩手抱桑

樹兵斫其首首倒垂而抱如故黃文備女兵逼之雙手握其裏衣斫死其手猶不可拆乾隆府志

方啟善妻張氏夫沒守志順治中征四明山砦營卒入其室持刀脅之張延頸呼曰不如殺我卒駭走乾隆元年旌乾隆府志

姜廷梧妻祁氏名德淵山陰人御史祁彪佳女工詩著有靜好集廣州同知張沐案府志沐作洙妻潘本蓮著有本蓮詩鈔副貢鄒侯周妻陳氏思州知府陳元奕唐在東竝以能詩名姚江詩存

胡霞城妻岑氏青帆女也端莊穎慧年十九歸胡事姑孝工書算女紅之事一經目能自出機杼家日落岑鬻釵釧

以償無怨言游山志

邵曾可妻孫氏，應楫女也。年十五歸邵。姑病兩歲，衣不解帶，多設牀褥飲食，迎致賢節以奉姑。言笑事其太姑諸尤恭謹，賢聲溢邵宗。崇禎二年，父應楫死楊村，出舊珥佐兄迎喪。既而孫氏徽流寄通州，歲遺子孫以雞黍紙幣詣客星山上應楫冢。自奉儉約，篤任卹。夫從沈國模、史孝咸、孝復講學姚江書院，每會，孫親滌盞豆以餉沈、史諸長者，無稍倦。夫沒，子早卒，遭時流離，家計日衰，孫教育後嗣，不失家法。其長孫郎廷棨。陳祖法撰墓誌銘

孫光棻母邵氏，孫氏世饒盛，侍兒盈十，邵事姑奉匜沃盥不以藉手。年三十，姑與夫相繼沒，與伯姒各撫一孤，恪持

門戶內外罔有閒言其教孤不忍叱笞有不率則潸焉涕下不語終日孤痛跪謝乃復飲食洎二孤成立始就分異諭其孤取田磽者廬敝者僮癃者器窳朽者曰薛包故事在汝則也世世皆賢之卒年七十四邵廷采撰傳略

管義妻鄭氏夫没僦居民房無一椽半畝安之若素滸山志

沈潛如妻陳氏鶚山人居瀕海康熙時海溢有司驅民築塘沈勞憊致疾疾革陳爲嘗糞及卒截髮爲殉父母以女年少謀醮之陳遂經死年二十二陳梓删後詩存

謝兼才妻傅氏年二十八夫亡矢節教子春景子卒又教諸孫曾有成歷七十餘年壽百歲先是舅姑在堂傅事之甚孝姑嘗祝之曰好媳婦願汝多壽多子孫至是果驗康

熙五十二年　旌乾隆志

邵煊妻朱氏年二十而寡事後姑先意承志姑晚年臥病三載朱調湯藥衣不解帶獨任勞勩不以委之他人雍正三年　旌乾隆志

翁成德妻葉氏年二十三夫死時遺孤未晬氏毀容自勵子稍長每泣語之曰吾不望爾貴顯第能讀書吾願畢矣子受母教勵志讀書入庠姑早喪舅年八十餘疾篤鄰不戒於火將延至室葉長號籲天曰舅病不能出予豈能獨全乎言訖回風返火人咸異之守節三十五年乾隆通志雍正十二年　旌乾隆志

茅貞女其蕙女名志字陳廷篋未納采廷篋死富室張氏

子聞其賢力求焉將舉媒妁女沐浴更衣自經死乾隆通志

任朝縉妻史氏孝咸女孫年二十八孀居織紝以養舅姑姑患劇疾不可近侍湯藥者相率避去史晝夜守之逾月不解衣兩目幾瞽康熙四十五年旌乾隆府志

徐錦晉妻許氏性至孝姑病篤氏刲股和藥願以身代其母家凋落氏爲迎養得其歡心鄉里頌之乾隆志參闡幽錄

徐廷猷闡幽錄作道猷妻邵氏少寡姑病瘍醫者曰火毒也宜甘草湯吮以口邵日含湯數數吮月餘姑病霍然乾隆志參闡幽錄

朱時昌妻樓氏年十六于歸時姑嫜已沒哀痛踰恒繪像虞禮晦明罔閒知縣潘雲桂表其閭曰孝淑乾隆志參闡幽錄

沈景怡妻劉氏景怡明崇禎十二年舉人早世劉年二十

教其子振嗣年十八成康熙十五年進士選庶吉士賜蟒袍告疾歸旋卒劉伶仃自守日治紡績苦節五十餘年足不踰一室卒年七十五康熙志

蔣煜妻童氏年二十七而寡煜舊畜一僮十六七矣童曰僮年少在孀婦家非宜也立遣之童故宦家女及婺居女紅汲灌織纖必親冬月手裂長夏絕糧惟悉心撫育其子當事表其門康熙志

邵炳妻張氏夫兄弟七人舅耄獨迎事之奉養得其懽夫沒張年二十八紡績撫三子康熙二十九年大水漂廬舍張居危樓不爲動曰婺也何之吾與樓爲存亡矣其兄弟強之乃命攜其幼子坡隨避高阜曰先人不可無後也然

樓卒無恙三子俱成立終身無嬉笑聲卒年七十六乾隆
二年　旌乾隆志

勞廷栻妻童氏舅史卒與夫造作營葬夫沒無子童閉戶
紡績葬舅姑於何圈雍正二年海溢夫柩在淺土漂去童
號泣曰不得夫柩赴海死矣衆阻之謂水後柩不可辨童
曰吾夫柩固可識向者治木不美每歲結以繩縱橫千百
道當不散也數十里外果見棺繩絆樹枝舁歸改葬知府
杜甲稱爲索綯奇節乾隆十三年　旌乾隆志

鄔仲張繼妻邵氏仲張病羸氣不絕如縷邵急割左股和
藥跽扶其首灌之盡一卮翼日稍瘳再殆再割股亦驗久
之復發乃不治時邵年二十八食貧勵節撫妾子底於成

卒年五十九乾隆志參闡幽錄

何卓美妻汪氏少有至性母病痢嘗所泄以驗瘥劇人稱女黔婁及歸何舅喜嫚罵汪善事之舅爲改悔父病疫舉家枕藉急歸省奉湯藥月餘母及弟妹皆獲愈卓美卒汪年二十舅患癱十餘年汪孝養不怠卒年六十二乾隆志

孫進思妻王氏進思五十未娶氏父字以女既而悔之將訟諸官王力持不可遂歸焉未幾進思没無子破屋數椽力勤紡織不給則忍餓或卹之不受非祭祀不出中堂鍵闗苦節終其身卒年八十二乾隆志參闡幽錄

孫文英妻虞氏夫有喘疾虞傭女工養之夫死子甫及週虞年未三十曰傭工非未亡人事襁負其子乞食鄉里然

性嚴介非其有者一介不妄取閱十餘年子稍長喜曰吾願畢矣一夕無病而卒乾隆志參闡幽錄

邵祖妻徐氏祖少孤母寡居鞠祖娶徐一年而祖死徐年二十一姑以言嘗之徐懮然盡出嫁時金珠簪珥錦繡雜采獻於姑及終喪姑還其所可服者不受曰寡婦無須此請以貧菽水蒿簪布衣作苦不輟卒年五十乾隆志參闡幽錄

黄述榮妻婁一作樓氏年十八婚有期述榮病甚父欲改吉要持義不可竟嫁之五日而述榮死慟絶復甦欲自經舅姑止之泣曰婦誠無恨敢不終事大人第無子終無以慰死者耳舅以孫文法後述榮婁教育之乾隆志參闡幽錄

魏氏二節魏元達妻謝氏年二十五夫死不甚哭泣族疑

其有他志謝聞之泣曰吾非自愛恐傷吾身斷夫嗣耳越六月生子大猷苦畜至長娶婦徐氏而大猷夭徐年十九或勸之嫁徐曰我卽無恥敢背吾姑耶兩孀相依三十餘年謝卒年七十徐亦年逾五十乾隆志參闈幽錄

施肇周聘妻王氏未婚而肇周死女年二十聞訃隨母往弔遂留於施衰服終喪爲肇周立繼事其姑以孝聞年七十五縣給完璞全貞額闈幽錄參乾隆府志

孫大必聘妻葉氏幼通文義未嫁大必卒泣告其父願視斂父不許强而後可氏一慟幾絶旣斂不復去大必家無尺土葉紡績自給足跡不出閾六十年卒年八十一闈幽錄

任肅楠案乾隆志作蕭楠妻葉氏嫁未久夫死氏年二十其母臨

喪有他言氏憑屍長號欲自剄爲母所掣乃斷髮一縷投之棺曰先以此殉脫有異頭當如此髮蕭楠有從妹曰二姑未二十而寡貧無所依蕭招與同居嘗曰人不可志懈志懈則心蕩當與姑其懍之二姑忻然曰成吾志者嫂也黽勉相勖歷三十餘年蕭卒年六十三二姑年六十二乾隆志參闡幽錄

陳相文妻陸氏隨夫宦轍十餘年相敬如賓逆相文告歸陸荆釵布裙一如寒素鄰媼每導以燒香具言冥報陸曰婦人不踰閾齋僧媚佛非吾事也問何長齋曰茹素不過戒殺耳我自有心香卒年六十八衙山志

高錫位妻陳氏幼聰穎解詩書聞父說書即曉大意講古

人忠孝節義事至痛切處即流涕女工靡不習年二十四適高未彌月聞母病歸醫曰不治陳憂甚潛割股和藥以進病稍痊逾年母卒哀毀骨立時一妹二弟俱幼陳竭力扶持者七年宗黨稱賢孝在夫家亦孝敬輯睦庭無閒言卒年八十八滸山志

胡溟鵬妻龔氏歸胡後即撤膏沐躬蠶織如貧家婦性端慧曉暢世事溟鵬本拘謹士得龔稍曠達焉後龔目疾成瞽子文祥娶婦董氏奉龔甚謹不離寢食七八年龔雙目復明人以爲董孝感所致滸山志

費體忠妻樓氏性端重佐夫起家善事舅姑父病百藥勿效籲天刲股以進病獲痊越二載病復革又刲股仆地逾

時卒年五十餘_{蕭山志}

陳維宰聘妻胡氏維宰卒聞訃哭不止父母慰之曰汝尙未歸陳宜爲汝擇年相當者女曰兒從一而已歸陳陳以貧故勸反氏翦髮誓死嘗十指奉姑數十年如一日_{蕭山志}

陳相廷聘妻閩人氏相廷卒女聞訃扃戶紉衣裙不食而死後將葬舁柩不行父母知其志爲告於陳合葬焉_{蕭山志}

呂秀姑父道載家貧甚秀姑髮未束遺適慈谿柳氏柳亦貧秀姑念父死必暴露骸骨乃日貯一錢積之二十餘年歸鄉人已無識者向長老自述端末始知爲道載女也引至柩所慟哭久之親負土營葬事畢而去_{東山志}

周尙賢聘妻景氏但雲女也年十九而尙賢卒女聞訃悲

慟欲絕毋慰之命歸周守志及尙賢葬畢投繯以殉舅姑救之甦遂請立嗣子如泗躬紡績以給爲如泗娶黃氏生孫偉林未幾如泗夭偉林甫二齡亦殤景哭之喪明宗人爲請旌建坊大廟周村閨幽錄

諸九思妻謝氏性靜端父病篤露禱於神刲股以進旣歸諸善事舅姑躬紝績私市甘旨以補不足康熙朝督學馬表其門東山志

楊甲三妻王氏夫遠客王與姑相依里豪誘之王拒之峻豪誣以穢語王忍不與校及夫歸白之遂自縊夫感其貞終身不再娶閨幽錄

陳啓邕妻諸氏姑病篤禱神刲股尋愈後姑齒落不能食

氏乳之三年御史葛表其閭曰淑德純孝闡幽錄

楊孝女義宗奇女也年十九母周病劇籲天祈代脇不貼席者累旬勞頓致疾猶親侍湯藥不暫離左右一夕夜分鐙火燎牀帳女急以身蔽母抱持出之衣焚倉遽不能卸翼日卒闡幽錄

徐貞女瑚字王茂卿茂卿久出游絶音問瑚兄天時欲他字瑚以死自誓既而茂卿爲僧京師遺書天時嫁其妹瑚守初志不變年七十卒闡幽錄

徐景榮妻章氏景榮客死京師家貧無子喪不能歸章曉夜紡績閒爲人傭凡力所能勝可以名一錢者皆竭蹶爲之終日不再具炊銖積寸累歷四十年歸景榮柩送葬先

塋遂一慟而絕越女表徵錄

徐道光案闡幽錄作道廣妻馮氏少知書年二十道光死撫二子自課之嘗曰讀書當就所能行者求其自盡徒事語言文章末也子美績有文譽越女表徵錄

沈庚妻何氏庚監生家小康無期功之親庚懦且病數爲惡少淩㱙漸至匱乏積忿死何年二十四無子惡少利其居逼嫁百方何誓死不從至門闥窗櫺毀廢亦盡所處小樓一間甚乃不蔽風雨親黨皆不平勸之訟何泣曰吾嫠也與男子對簿即倖直何辱如之因避歸母家三十餘年以紡績餬口老且貧無爲之繼者越女表徵錄

何某妻汪氏名喬夢熊女也父舉家患疫氏欲歸省夫難

之氏泣曰死生命也安有父母病危甚不一歸視乎歸數日父與弟俱死氏亦病猶强起内奉母外理斂具無廢缺且勸夫出粟助葬後二年夫死舅老病瘓轉側皆需人氏晨夕侍奉三年不懈闈幽錄

謝爾超繼妻諸氏前室遺一子方在抱諸愛之如已出未幾爾超死諸立志撫孤視昔有加及長爲娶婦生孫男三而子婦復相繼夭諸更撫育不倦時幼孫患痘毒攻目將瞽諸晝夜哺藥餌歷半載罄所有療其疾諸有所生女遺嫁匳甚薄人謂非情諸曰夫遺産僅供祭祀安忍毁之以私己女乎鄉里頌之東山志

戚文佩妻王氏祁明女也文佩苦志力學遘疾不起王年

二十五遺孤才三歲勵節撫育奉舅姑至孝姑病劇刲股和藥得瘳後子伯瑛入庠王守節踰四十年東山志

陳協仁妻呂氏年二十二夫故子甫二齡遺產僅五畝夫兄利之欲奪其志誓死乃已夫兄復潛鬻其產家徒四壁躬操作守志益堅及子成立家漸充裕氏故明大義追立先人祀田若干以其餘給子婦卒年八十一嘉慶二十二年　旌闔幽錄

宋寧宇妻周氏年二十四生一子而寧宇沒孤鐙蕭索獨坐一樓遣其子公勳從學日課詩書迨子畢姻始下梯八名其居曰貞節樓闔幽錄

洪載虞繼妻金氏會稽人父會侯賈寓天津氏隨侍時載

虞以天津籍補廪生喪耦氏歸焉亡何載虞沒氏年二十四其叔父有官婁江者招之往不赴父堅留之不允曰夫死於外婦不歸宗如家有舅姑何遂扶櫬歸侍奉舅姑以孝聞尋沒子在康妻黄氏年二十五夫沒無子撫姪鍌成立嘉慶壬戌氏年七十閲邑節孝祠圮命子鍌出貲錢六百餘緡葺之并置田若干給守祠者先後與姑並　旌

洪維銑妻黄氏事繼姑倪得其歡心維銑因其叔病祈代於東嶽廟神不三日叔漸愈而維銑竟死黄時方有身誓殉弗顧經人慰勸始解後二年夫叔復病黄亦祈於神願從夫地下以代未幾夫叔死黄矢志撫孤以節孝　旌

張杏濱妻魯氏年十八歸杏濱次年杏濱卒號泣欲絕念

身有孕幸得男可不斬先祀及生乃女復慟曰雖女當撫之家故貧夫死益零落獨與女居操井臼勤紡績以餬口面黧骨立飢餓不易其志或勸之嫁叱之曰吾婦人不幸夫死命也狗彘之行何忍爲之年六十餘卒張羲年撰傳

邵甘白繼妻施氏生子同人夫沒以節著甘白前室子曰家人先出爲長房後施並教誨之使皆親師嚮學幾二十年析爨既久長房中落施謂同人曰一本當相庇亟推己子產數千金與之一時以爲母賢子順同人性甚孝母沒築廬近墓思設位其中伸終身哀慕未幾沒妻潘子湄力承厥志卒成墓祠宗黨皆稱其家法宗稷辰恥躬集

洪維鏞繼妻倪氏嘉興府訓導紹岳女也幼慧讀孝經古

列女傳及唐宋諸名家詩幾徧年十九歸洪逾年省父嘉興夫偕往遂館署中習舉子業亡何夫疾倪籲天請代弗瘳倪悲夫客死絕粒誓殉父諭以上有舅姑下有子女慰勸再四乃扶櫬旋里嚴課二子皆成名及孫粱登咸豐元年鄉薦衆方以守節獲報相慶倪聞輒流涕舅光垕年八旬以詩酒自娛時姑已沒五世同堂家政皆倪主之舅卒倪已六十餘哀毀踰恒時歎其賢孝 旌如例一女適符十載而寡矢志有母風

伍烈妻洪氏性端淑通經史著家訓一篇稱於世伍譜

葉澄妻徐氏自俊女歸澄數年祭堂上有弄孫意即勸置簉室亦氏徐已而各舉一子澄字靜寰監生性至孝父疾

刲股嘗糞父沒以毀卒徐守節撫諸子皆成立家素裕周急如不及宗祠燬於火徐命子首捐倡復之及年竝得旌孫燰於道光甲午闈前夢點名八十二見卷面朱書欽旌節孝徐太孺人八字比揭曉適符夢中名數至今書香繼世人以爲純孝清節積德之報葉譜參丹桂錄

陳境妻徐氏雲柯人歸境二年境卒家貧舅姑憐其少欲令改適徐誓死守志夫兄素無行覬氏醮貲以償逋謀已成矣氏聞泣告舅姑不能制一夕壞門入氏厲聲大罵急欲以翦祝其髮並擬刃於喉眾掖止之境從兄坊以義忿來阻眾拳折其齒餘無敢問者氏復攜女登小閣去其梯眾徑上以被絮蒙首冒刃上遂爲所禽納之輿結髮於蓋

而以繩縛手足舁之去行里許氏齧繩躍入池中時夜分舁者聞鬼號聲列炬轉碧皆駭逸氏匍匐返欲閉門自刎舅姑力止之遂爲夫立後以壽終道光三十年旌闡幽錄

魯士忠妻徐氏年二十七夫沒子身支持喪葬合禮一生不服藥曰未亡人待死而已安用此爲卒年九十九闡幽錄

沈詩盛原名詩教繼妻朱氏詩盛以名諸生力學攻苦抱羸疾死氏年二十四無子家窘親族無可依其弟金鐸迎歸氏性故嚴介弟姪皆畏憚家鹽筴雜悉出其手自是朱氏之庭無敢詬誶者金鐸子文治幼失恃氏撫鞠如已出卒成儒者沈朱兩姓祭祀氏必與有爭訟氏一言卽解兩族皆敬禮之卒年七十八闡幽錄

施昂青妻黃氏，諸生澄女也。昂青廩生。氏年十八歸施，家貧甚，夫以課徒供母，氏恆不及飽。昂青以名諸生得羸疾，家益困。久之病轉劇，氏籲天求代，潛刲股和藥。夫廉知之，謂曰：「我命在天，若何苦乃爾？」及沒，氏泣矢靡他，盡鬻所有以措喪事。未幾，姑遣人議婚，氏跪泣不從。復播不根語，氏志益堅，卒全其節。沒年五十五。嘉慶二十二年旌。闡幽錄

童順則妻朱氏，諸生羽文女也。幼嫺女訓，嘗禱天刲股療父病。及歸童，年二十九而寡，遺孤長開楨甫離襁褓，次開獻尚哺乳。伯叔三人，家故豐，姑薄待之，僅給田十畝，無慍色，躬操作機杼井臼，不辭勞瘁。年五十三卒。闡幽錄

胡貞女，居白山村。父沒，強暴謀污之，弗從，自經死。邑人胡

夢欽爲詩美之闡幽錄

王烈婦居永豐橋夫沒家貧强暴逼娶之飲滷死訟於官不爲白諸生胡夢鈴爲作烈婦行闡幽錄

胡殿昌妻施氏殿昌將入都考供事以父老有難色施爲治裝從容與語曰婦在子職無缺也殿昌喜遂行閱時舅病作施日夜侍湯藥久不效籲天刲股以進而瘥閱數年舅沒殿昌已得議敘歸一月矣年至七十餘語疇昔事示子婦瘢泫然曰此我情迫不計生死爲之刲股非中道不願汝曹效也闡幽錄

胡烱妻徐氏烱增生氏年二十九烱卒遺四子長纔九齡最幼遺腹夫殁半月而生時舅客海鹽姑年老徐奉姑教

子皆有法後數歲舅歸患癱徐侍養踰月不息燭舅姑沒喪盡禮將卜宅兆命其子曰必擇地寬廣者爾父與我遺骸得祔葬先人墓側魂魄長相依耳年垂老猶率子婦勤女紅里稱女宗闡幽錄

趙繼宗妻楊氏歸趙四載繼宗赴試抱厲疾歸氏扶掖臥起脇不貼席者累旬病劇刲股和藥籲天祈代竟不治時氏年二十四哀慟不自勝踰五月遺腹生子夫兄素無行利其貲欲嫁之氏曰此豈人所言乎當卽死趙氏牖下莫我覬也夫兄終不悟怨昏詈見其弟俯踞牀驚走痛自責不復敢言自是寒鐙孤幌十指艱辛教其子光祖就外傳訓之成立後夫兄客死於杭氏命子渡江收骨歸葬絕不

計前日事當世賢之卒年六十二道光元年旌闡幽錄

勞渭川妻王氏性端摯熟諳忠孝義烈事舅病膈久且卻飯不御醪醴湯餌倚氏若左右手量水稱藥不假媪婢視食稍進乃返私室食易寒暑脇不貼席者凡四年嫡姑徐繼病弱庶姑張病臌王往來問視二姑前參朮不繼脫簪珥益之前後凡七年執重喪抱奇痛形毀骨立泪漬槃槁者如一日及渭川卒家日落乃躬操作處厖家事教子成立鄉里頌女憲者必曰何如王氏賢其沒也沐浴更衣作偈有生平無闕行含笑入黃泉句闡幽錄

胡炎妻樓氏炎監生氏幼敏讀孝經列女傳卽上口歸胡孝事舅姑以先世莫氏有母範命其子聚奎建賢淑祠奉

莫氏栗主晰夕展謁並鐫家訓於壁俾子姓咸知所規飭復建節孝祠祀族之守貞以沒者生平未嘗佞佛尼媪香火戒勿入耳嘗約其築里亍婦朔望謁祖廟躬灑埽庭除以爲常慮後難爲繼集輸金增祀產以供祀事使無缺家故豐躬行節儉閭里稱女憲闡幽錄

史上哲妻黃氏上哲監生黃年二十五歸史惟嫡庶兩姑在堂夫沒黃年二十七撫一子貞操自守同族某與比鄰令其妻朝夕往還要過其家將設計陷之黃猛省號呼得免族人嘉其節爲痛懲某斥出族黃家本中人產勤操作能增益之卒年八十一闡幽錄

岑瑞封妻余氏年二十七而寡父母欲奪其志不從鞭之

流血且與之絕有周之者余堅辭不受以節終乾隆府志參闡幽錄

任氏殿臣女也夫無行氏屢泣規之弗改後且與盜往來盜窺任有姿昭夫以金帛欲私之任矢志不從一日盜將入逼之投繯死東山志

徐葦明繼妻龔氏慧而賢樂施與居學宮後建齋堂十餘閒有陋產三十畝歲收爲粥糜每冬月入堂中命婢僕持瓢以贍窮民遇大寒雪多製棉衣衣貧者石巍橋圮龔捐葺之兩岸五百丈砌以石修路四達皆至數十里遠近便之子婦楊氏亦以陋田施賑生五子長景范自有傳徐譜

胡烈婦盧氏居金鎖橋字胡槃子夫性孝親病日侍湯藥以勞卒盧聞訃絕粒三日自縊以殉邑人邵尌朱槃等上

其事道光三年　旌

胡韶一聘妻盧氏幼嫺禮教比長端莊靜一問名未幾而韶一病亟以諺有遇喜則愈之説父遂擇吉送之中道聞韶一訃送者欲返盧泣曰今日之事業承父命必往視斂入室馮屍哭盡哀服衰如制斂畢父將趣之歸盧大哭曰兒入胡門爲胡氏婦矣義不返父難之舅亦再三勸諭盧齧指出血誓無二志因聽之時年十九侍舅姑惟謹終身卻紈綺屏脂粉躬勤紡績冬夏無閒足不踰閾外者數十年鄉里欲上其事盧力止之道光三十年　旌

朱周氏周陳村人適上虞朱某年二十夫没其姑夫之繼母也哀之與同臥起十八月產一男姑告衆曰信也老婦

朝夕守視維謹兒始沒時姙四月矣婦孝天或者生是以昌吾宗衆聞無閒言繼姑有子甚騃其婦黠而狠利周產毀於衆曰兒吾夫出也周聞翦髮自誓抱兒號於姑曰夙蒙大人愛養是兒幸終愛憐之妾將愬諸帝姑乃集族人捽其子前曰咄刺汝臂亦啟逝者棺瀝血驗之不如若言將斬若夫婦頭夫婦懼俱引伏遂析產而逐其子婦周毀容鍼作奉養尤謹二十餘年姑沒喪葬盡禮叔產蕩盡窮困以死婦亦死二子俱夭遺一女周喟然曰善惡自有報姑惟一子爲末亡人故乃至此吾不收卹何以見姑地下遂葬之撫其女如己出氏所生之兒長宛然父也張羲年紀略

蔣思銘妻胡氏賡揚女年二十歸思銘纔彌月思銘客烏

鎮又月餘病卒旅邸訃至胡哭之慟念姑老家貧奉侍無人乃飲泣日夜紡績以供膳立嗣爲夫後越十年積勞疾卒臨没對姑涕泣不止賡揚哀其志節作詩憫之邑人士多有挹其芳者彙梓之名曰松筠吟松筠吟序

沈古愚妻顔氏素端默躬紝織事姑婉愉承歡古愚宦夜郎顔奉姑不隨任姑得怡怡以享遐年有妾吳氏先卒遺子二俱稚顔撫如己出以底成立親鄰告急必百方周濟卒年六十六里媪多環泣焉以子熤官　贈孺人滸山志

史在藻妻毛氏歸史五載夫亡其孤又殞毛年二十毋將嫁之毛泣謝曰夫子屬纊以保孤奉姑見託今天奪吾孤吾將疇依然吾亡誰爲奉吾姑者於是紡績奉姑守節垂

三十年姑卒哀毀不食死闡幽錄參史譜

沈琴貞杭州沈昺女也與兄玉亮事後母以孝聞年十五受陳琪聘及請期而琪死琴貞默不一言潛易縞衣久之媒妁屢來女聞之怏怏抱疾未幾增劇父兄問之淒然曰兒死矣幸毋殘我木兒玉亮曰妹將同穴乎女曰是在父兄矣越數日卒時年二十有一姚江事蹟參歸安翁燧詩序

史氏三孝女長橋姑次樾姑三瑞姑父斐章精兒醫爲人樸愨母邵氏生橋欲勿育鄰媪收之及長默自痛思立節自拔女流奉二親至孝兩妹化之共誓不字以養父母父母卒三女號慟不食誓以死殉兄阻之不遂乃奉父母主於內寢設几筵朝夕致奠飭身謹嚴雖兄至常隔幔語不

輕入室牛霖史譜

徐漢臣妻宋氏年少而寡或逼之改嫁氏曰婦人之義從一而終無恥之行吾不爲也引刀斷指血流暈絶自是無敢復言卒全其操撫孤長成徐譜

愛玉失其姓氏幼讀書通翰墨爲慈谿赭山廟祝胡三養女胡媍有穢行欲并汚玉玉防身嚴莫敢犯媍毒撻之不爲奪有村媼能墮胎媍嗾之强玉寫其方不應又毒撻之玉泣攜鈎筐若爲采桑也者過鄰姥謝其事姥留之食將偕歸爲解於媍玉以爲無益竟投江死閲三日出其屍面如生時爲嘉慶十五年五月十日玉年十有九寄龕丙志

胡愼妻華氏歸胡不數年夫没遺孤方二齡或私啗之華

正色曰未亡人知勤修內行耳外事有伯叔在膝下有呱呱者在更有何憂而蒙代慼耶唁者慚退伯叔與析產不無肥瘠弗與較遺孤少長以慈母兼嚴父性沈靜寡言笑而事上接下一出於和藹舅疾革躬侍湯藥不解衣帶者將一月後華晚年不豫子侍奉亦如之人以爲孝養之報

咸豐五年　旌　胡譜

馮子勤繼妻諸氏鳳藻女也年二十三歸馮未帀月夫沒撫前室子金生若己出比娶婦後乃泣稟祖姑與姑曰婦幼失怙無兄弟母年老誰與奉養今金生有室得代婦侍奉婦請歸養母祖姑及姑感其意許之時母家中落諸以鍼黹補甘旨執爨滌廁代母勞每歲數歸馮覲祖姑與姑

輒訓子婦使孝養弗失尋母病劇諸調湯藥目不交睫衣不解帶者踰四旬及沒殯斂諸事悉諸持之當母未病諸已抱病至是昕夕服勞重以哀毁遂卒生平喜讀易並五七字句見有烈婦貞女事輒手錄之

胡傳先妻施氏未嫁時傳先外出不知所之舅令氏父改字氏堅不可舅感其義跡傳先得之强之歸遂迎氏於家時氏年已三十有一合婚未旬日傳先又出不復返舅姑亦相繼逝氏煢煢隻影之死靡他日以紡績爲事或勸以傭作泣曰薄命人深閨獨處猶恐有外議可爲人傭乎卒年六十

史三和妻潘氏年十餘歸潘昏甫旬餘夫商於外歷十月

抱疾歸尋死潘矢志守節舅某強以非禮潘不可未告人也宗黨覺之爲斥其舅舅終不悛將移潘別室潘懼不測遂縊卒年三十

史義春妻章氏年二十五夫故舅姑早世祖翁尚存家貧子幼章守志不二終歲不聞笑語聲越數載祖翁年六十八臥病二載百計醫療資無所出鬻衣飾不稍吝病益劇卒以刲左股煎湯飲之而起得延十年氏卒年四十八

鄭玉意幼聰慧年十餘母王歿女哀毀誓殉雙目因之失明父存禮諭曰死於母何補不死猶可助父撫弟妹始稍稍節哀然已成心疾世父存義官四川父往依焉未幾皆卒於川訃至女一慟幾絕弟靜厚欲奔喪苦無貲貸於戚

黨得三十餘緡徒步適川嚴冬冰雪足爲之裂及柩歸女悲號嘔血幾斃結廬柩旁風餐露宿者三年至四肢痿痺卒年六十三

王英兒蘊山女也年十六字楊理未行而理沒女聞訃絕而復蘇者再數日不食父母力慰之對曰女子當從一而終若從夫地下則與父母永訣爲不孝願請蹕楊門守志不可得遂矢志養父母不改嫁越三載竟以嘔血死

方鳳姑父志誠早沒家貧無兄弟母胡老且多病不能親操井臼女守貞侍養終身不字卒年五十六歲又有貧女史香姑既字聞其夫嗜鴉片屬媒諷止之夫因之得疾卒香姑悲感遂至夫家守志咸豐季年以節終

邵七姑兩淮海州鹽運分司附貢生步瀛之女幼讀書解大義字淡河堰胡氏子未昏夫卒七姑欲奔喪請之胡氏堅不允有勸其父別字者七姑聞之輒誦兩柏舟之詩曰我心匪石不可轉也曰之死矢靡他云云父亦弗奪其志從此長齋奉佛手書金剛等經在家諷誦終身未嘗涉庵寺咸豐元年題　旌完貞盡孝

史元春妻袁氏性柔淑年十七歸元春三載元春病篤刲左股以救不效越十年姑又病篤復刲右股和藥疾得愈卒年七十五縣表其閭

沈勳繼妻羅氏夫沒矢志撫孤不苟言笑能知人同里傅某貧甚幾陷於匪僻羅曰是迫于飢寒耳周之卒爲善士

卒年九十四以孫文㷀官　贈宜人

景銓之妻趙氏隨銓之官遂昌咸豐八年粤寇陷遂昌銓之拒賊被戕趙聞夫遇害挺身駡賊死明倫堂階下女守姑四一作姑被逼駡賊尤甚賊支解之至今陰雨血痕猶見海鹽朱承鉽爲作景貞女血影石歌詳輶軒續錄

戴龍光妻應氏鳳山女也龍光貢生應年十九母病封股和藥獲瘳既歸戴舅姑先後病皆封股療之

董烈婦吳氏仁和訓導㫬節麟書女適仁和優廩生董愼言咸豐十一年賊圍省城吳謂不幸事急婦女當死男子應避禍以延宗嗣與婦婦朱共指庭前井爲葬身地小姑完聞之亦誓同死城破吳促其夫侍舅姑挈子姪行身偕

完及朱謁家廟二人先起赴井哭趨至見井隘不能容急歸寢自經子女僕婦環哭斷其繩覆其衾踰時蘇復取已髮納口中子女奪之即力疾命長子掖至中庭俯井長號薄暮潛卒二女赴河濱見姑攜朱所出女先在哭再三言老母非幼婦比無自苦且若兩子何不聽乃命三女持其衣即躍於河姑慟而下救之女得免覘哭屍已沈忠義麟錄書第四女名岳蓮隨侍仁和學署賊入持刀脅之哭罵不從被戕

潘大姑廷國女年十八時父患病在牀兄嫂一月俱亡母丁過悲雙目失明弟甫三齡姪未周歲女上事下撫矢志不嫁謝三姑監生承遷女年十九母盧沒父多病兄紀有

足疾弟增生如松尙幼女矢志不字終身奉侍至父沒凡三十七年無倦容闡幽錄

毛瑞照妻宋氏序東女也年十四爲父病刲股歸瑞照四年姑周病不起氏又禱神刲股夫故年二十二咸豐十一年粤匪犯境避難於山遇賊氏抱繼子文高投崖下荆棘中得免守節二十二年沒年四十四闡幽錄

蘇烈婦毛氏父照女寄寓嘉興嫁商人蘇宏開以賢著咸豐十年夏賊至毛處受辱遂縊忠義錄續編

宋運昌妻孫氏調元女父病刲股以療粤賊至孫有九旬祖姑臥病在牀貧不能避賊擄其子去祖姑驚死孫悲憤罵賊殉祖姑柩側年五十四鄭思堂妻葉氏向榮女母胡

病刲股以療年三十夫没粤寇至赴水賊以槍刺死年四十八徐廷標妻陳氏載艮女刲股療父既歸徐舅失明姑患瘋朝夕侍奉歷久不怠年三十六夫没守節二十五年卒闡幽錄

吕科成妻褚氏諸生漢光女嘉慶七年舅病褚刲股獲痊夫病褚亦刲股以進卒無效年三十守節同治元年避粤寇於崔陳路賊至大駡不絶被火焚死年八十七闡幽錄

夏舜佐妻華氏夫没家貧矢志堅守舅病刲股和藥病獲愈無子撫姪爲後又夏舜孝妻徐氏歸夏數月而寡遺腹一子誓不再嫁與華台爨並以紡績養舅姑課子讀尤嚴後並成諸生事聞　旌如例

張長圻妻趙氏康年女夫被粤賊擄赴水死氏於蘆葦中覓屍草葬旋避于山遇賊逼赴水賊以矛刺其頸而去賴救得生時年二十六孝事舅姑姑趙病危刲股療之矢節撫孤鄉里稱賢没年三十七闡幽錄

張元震妾陳氏年十七歸張三載連舉三子夫病危割股和藥以進卒不起一慟幾絶奉孀姑經營窀穸如禮撫諸子成立里鄰賢之光緒十五年　旌先後以割股愈姑者曰徐邦寧妻孫氏蔣錦文妻施氏並乾隆時人曰王本誠妻謝氏道光時人曰葉蘭芬女名十一姑時失攷○四人見闡幽錄

楊淸盛聘妻施氏建之女也年二十五嫁有日而夫死慟絶誓不再嫁後富室來議婚輒嗚咽不食父母不能奪竟歸楊守節家屢空恃十指孝養舅姑不佞佛不預燕布衣

蔬食泊如也同治元年四月遇賊恐受辱赴水賊以矛刺其腹死年三十呂素玉諸生清標女幼字張氏子張殤女誓不改字同治元年八月遇賊强污不從赴水死越數日斂之面如生年二十九闡幽錄

沈運行女四姑粤寇至母張方病危兄宏孝議奉母避海島四姑止之曰母氣息奄奄朝不慮夕加冒霜露是速之死也在家猶可希冀萬一未幾賊烽逼四姑促兄遠颺而自誓守母共存亡賊入見四姑逼之大聲罵賊賊怒甚烙之徧體焦灼肉盡脱猶罵不絶口賊斫之死年十八沈譜

胡錫齡妾王氏粤寇擾及村王竄匿祖祠有先匿別室者族大婦行也賊至掠得王先匿者惟聞賊咆哮聲王醜詆

聲久之賊退視王屍被焚成灰燼首擲數十武外面血模糊頂盡禿旁有斷髮如飛蓬慘不忍睹時王年二十二光緒十五年　旌

沈摯珠職員福高女幼習詩書耽吟詠粵寇擾境摯珠方及笄未嫁嘗有句示弟妹云我是山中泉肯爲時勢纏治亂時難測清濁泉有權賊至隨父避難道逢賊均被擄求脫其父賊不允且欲就污女佯曰前村有佳居不如借至其處賊遂擁而行中道得閒誑賊投河死年二十二

顧烈女諸生大猷女字楊姓同治元年粵寇掠西鄉夫家欲迎女至甯郡女時居母喪不可賊至避難坎墩家人並被擄賊豔女貌擁上馬女號泣不得脫偶臨河賊不及防

躍入河賊以槍擊斃之年二十三

黃聖範妻魏氏夫客死漢陽家甚貧魏積紡績貲運柩歸里矢志不二粵寇陷四門從鄰媪避匿圖南廟魏素寡言笑是日忽大笑曰可笑徧地百姓皆怕死只須十八殺一賊管教殺盡瘟毛亡何賊至徧括匿者身畔財物及魏大罵之賊怒以刃刺喉死半月得其屍面如生年二十八

陳烈女冬梅雲樓鄉丁春堤家婢鄂產也年十二鬻於丁性孤默不苟言笑丁寡媳周特愛憐之女亦依周若母年漸長丁欲為擇配女固辭強之則泣如是者數四丁知其誠遂不復議同治元年粵寇焚掠及馬渚女守室不肯行為賊所獲欲污之女怒詈逼以刃知不免乃紿曰緩我當

聽命賊縱之奔投河賊怒殘之年三十二

黄天錫妻張氏同治元年粤寇陷衛城夫死難時氏年二十八賊入宅强逼之矢口大罵賊烙其體無完膚誓死不從賊舍之去得不死教子維垣有義方茹苦十餘載子賴以成人卒年四十六

姜清涵妻史氏年二十二而寡嗣夫兄子爲嘗爲子勤儉持家擴充先業姜姓始祖墓旁有他姓田五畝餘形家謂攸關祖墓來龍史氏獨出重貲購歸助入始祖祭產以杜後患咸豐季年粤寇入姜邨史氏以患風不能避賊將犯之大罵力拒賊不能逼以刀斬其手而去後敷傷藥漸愈卒年五十四

徐如意監生舜水女幼字施鴻世貧未娶沒徐年二十八聞訃欲殉父母勸止之請歸施守節姑邵早世舅初未之許嗣聞舅病危遂歸施侍奉旬餘舅沒盡哀盡禮無伯叔可依仍歸母家紡績度日母毛患瘋賴女夙夜孝事胡溫姑艮能女住燭溪戴家堰幼字魏將及笄夫沒誓不再適紡績度日蔬食布衣善事老母沒年五十七闡幽錄

徐英姑啟宇女幼聰穎善女紅事親孝母馮蚤沒姑已字李滄海李家中落無力迎娶有仇滄海者因其貧屢進讒於女父女聞憤甚覷父外出沐浴更衣自經死年二十三闡幽錄

湯雲香監生祖孝女字曹葆寅未行夫沒女聞訃絕粒以

殉時年十九光緒十四年旌闡幽錄

高烈婦鍾氏高家畈人夫某以飲博罄其家乃徙東門外爲翁氏守祠旋曬惡少謀鬻鍾鍾誓死不從乃詭以返故居誘之行至半途鍾覺奔黃山橋投河死年二十五闡幽錄

胡誠妾蔡氏性喜施與里鄰告匱無弗應有傭婦施忠慤邦曜嫡裔也諗知忠慤祀田久質於人蔡貸以錢贖得半忠慤春秋家祭始略備又誠妾錢氏尤諳女誡夫沒茹素終身虔祀其先雖蔬果必薦子增貢生德輝既與昆季異居錢課之學爲屏絕塵慮歲需出入輒由內僕上計於錢錢躬自料量歷四十年終不以攖德輝心德輝得畢力著述錢爲之也方六十時移其壽貲葬外家兩世又多施與

與蔡埒里爭推賢母焉卒年七十三

姜恆初妻黃氏孝先女也年二十八夫沒即欲身殉親族責以舅姑與夫柩未葬乃勉强就食紡績五年積數十金稾葬舅姑及夫畢即投繯死年三十二光緒八年　旌又

胡聯藻妻陳氏聯藻監生陳性淑慎年十九歸胡勸夫力學結褵四載夫死日夜哭泣淚繼以血絕粒而亡時年二十三光緒十四年　旌闡幽錄

張傳銘妻徐氏幼時能得父母心歸張未久夫即患病徐侍奉湯藥歷一載餘無倦色夫沒徐誓不獨生時方在孕姑與父母互勸爲嗣續計月餘果得一子徐復大慟曰吾今可死矣遂呼號數日絕粒而亡距夫死甫五旬年二十

二光緒十七年旌闡幽錄

蔣同型妻盧氏長興訓導豫女也年十九歸蔣事繼姑及繼姑子孝謹曲至越三載夫嘔血死時方娠哭弗止其母諭以保孤大義乃收淚矢曰男也當與俱存不者從夫死耳及期生女復大哭絕食數日而沒距夫死甫七旬周美祥妾余氏歸未數月夫死余痛不欲生踰年葬其夫臨穴一慟歸自縊死

何愛娥議敘鹽運司運同其淸女年十四侍父病衣不解帶月餘無倦容及終父喪兄賡鴻以鹽大使宦粵東母老道遠不能就養女立志不字以奉母有議婚者輒峻拒之嘗爲母病刲股母沒喪葬盡禮畢不食死年二十六歲又

王烈女江蘇候補知縣魏恭壽女幼字上虞王光祖稍長父母卒女依庶母姚未婚而光祖沒女毀容變服號痛欲絶自請於從父昌壽願歸王不獲命以死自誓昌壽哀之介媒達於王議未決昌壽以事將遠行女撫膺大慟曰叔去誰爲主者吾志不得伸矣遂閉戸仰藥死距光祖之沒三旬歸柩於王合窆祖塋

褚采章妻周氏年二十餘喪夫家貧傭於開原鄉楊氏得直以養其姑傭所距家二十餘里月必市甘旨歸省姑姑中帬廁牏常身自澣洒夜則共臥以爲常見者疑爲母女久之姑死乃以所積傭貲營舅姑及夫葬夫弟某亦苦貧中歲無子以傭貲助之買妾傭楊三十餘年沒於楊又有

李佩玖妻潘氏諸生枚女年二十一歸李六載夫沒潘誓殉先後服滷及鴉片並經旁人救甦家奇窮宗黨無朞功可依潘撫幼女刺繡餬口年三十八卒里重其苦操

孫時桂妻胡氏龍泉鄉筍隩村人嫁未十月夫溺死時氏年二十四貧甚母諷改適矢志不奪夫遺一笠常珍之或欲售其笠胡曰夫死笠存千金不易笠可售夫可背耶卒不售自是無敢復言嫁胡者

陳鍾馥妻蔣氏監生鏕女事太姑金姑宋以孝聞金善病氏晨夕侍側熨貼微至金尤愛之如子勖夫學時有斷織風父居市近氏宅嘗患胃逆氏日必手調糜粥奉之餘十年如一日胃疾得稍痊鄰儒家子鄭某垂老失業至與乞

人伍氏閔其失所辱先人言於夫衣食之六年不倦至脫簪珥贈貲使習手藝得積貲爲身後計沒年三十三

趙春明妻胡氏諸生仁溥女以刲股療父諸生韓壽椿妻陳氏議敘州同載煒女亦以刲股療父

馬烈女監生有鏞女也幼喪母哀泣若成人父再娶乃不復泣祖母異之問曰汝忘爾母乎女曰哭死母如生母何由是事繼母得歡心年十七字同里俞欽永未婚而夫亡女聞訃飲泣即除簪珥服縞衣志在奔喪父窺其志堅致意俞氏舅姑難之約以十年女曰十年之約觀我志耳有議婚者輒力拒私吞金約指遺出不死後媒者踵至自經

餘姚縣志卷二十五列女傳終

光緒重修

餘姚縣志卷二十六

方伎

晉

伍振善占驗術晉武帝太康三年建鄴有寇振筮之曰寇已滅三十八年揚州有天子至元帝即位果驗宋書符瑞志

王敬伯善鼓琴仕爲東宮扶侍嘗至吳郵亭維舟中渚秉燭理琴見一女子披幃而入二女子從先施錦席於東牀旣坐取琴調之聲甚哀女子曰此曲所謂楚明光者也惟嵇叔夜能爲此聲自此以外傳習數人而已言訖忽不見敬伯自是琴理大進兩浙名賢錄　案錄異記女名劉妙容吳令劉惠明愛女時卒已久

宋

錢祐元嘉四年五月三日夜出屋後爲虎所取十八日乃自還說虎初取之時至一官府入重門見一人憑几坐形貌偉壯左右侍者三十餘人謂祐曰吾欲使汝知術數故令虎迎汝無懼也留十五晝夜語諸要術盡教道之方祐受法畢令還不知道使人送出門仍見歸路旣還大知卜占無幽不驗經年乃卒異苑

唐

虞纂世南族子書有叔父體則而風骨不繼張懷瓘書斷

宋

徐正卿章草妙一世燭湖集載夫人壙記

元

張經字與權八世祖永見寓賓傳世以善醫惠及其鄉經復挾其術遊明越閒明越之民賴以全活者甚眾家有種德堂戴良銘而序之又世善小兒醫因名所居曰生意垣危素書之揭傒斯記之蓋所友皆名士云四世孫廷玉字坦庵爲太醫院使善橋引按摩甚奇非世之所聞也項昕居越江得見事之盡其伎於是爲人診病决死生無不立驗九靈山房集參張譜

許舉仲善治疽能循古法同里吳易之年七十患背發危疾舉仲治之旬日即愈庸庵集贈序

鄭炳字元炳書蹟似晉八與會稽呂中立諸暨陳宗亮皆留心翰墨有聲於時書史會要

閻驤字仲彬山水學郭熙書畫史

苗仲通善醫學著備急活人方會稡諸家所載祖父所傳江湖所聞及親所經驗者筆成一編世有奇疾醫經所不備醫流所不識獨得神悟著爲奇中之方楊鐵崖集

明

黃謌字廷直工畫山水弘治間詔天下善畫者三十二人就試禮部謌稱旨授官康熙志

倪章號海川嘉靖間歲貢知如皋歷官國子監助教工書法小楷摹十三行行草摹蘭亭碑眞蹟罕存惟石刻兩種一在羅壁山高廟一在龍泉山三錫祠姚江逸詩傳

鄒魯遺善習書法張卽之今西興渡莊亭古蹟是其所書

書家謂入能品乾隆府志

黃翊字九霄能爲近體詩工畫竹石菊花引泉爲池種菊數百本朝夕嘯詠於側習其煙容傲色乾隆府志

毛世濟善畫菊尤工賦色莖蕊幹葉各臻其妙畫史會要

邵節善畫翎毛傳林良之術乾隆通志

姚沾字惟恩號墨仙錦衣千戶精妙蘭石戲寫竹木古樹意頗清遠圖繪寶鑑

閩人益字仲璣山水筆法瀟灑無俗氣畫史會要

徐蘭字秀夫善水墨葡萄風煙晴雨曲盡其妙其支蔓圓轉處藏有天下少人間無六字行書彷彿趙孟頫書史會要

岑乾童時嘗從父遊武林或竟日他往家人怪之乾曰有

羣兒呼與弈自是頓異後遊京師與顏倫弈累勝之倫當時稱天下第一手而乾由此顯名然是時倫已向衰乾亦時時語人曰與顏弈必謝絶人事養十日精力乃可乾馳名早人謂之小岑又有邵甲者中年弈陡進日月異最後止讓乾一道乾甚忌之先乾卒兩浙名賢錄

管可成字僊客副使稷子早有才名工書有褚遂良蘭亭帖生平寶之晚而無家出必攜行所居壁有江南第一風流才子八字擘窠徑數尺見者莫不歎其夭矯姚江逸詩傳

孫西河業醫有聲精力伉健雖百歲外每日自鄉入城往返不倦百有五歲而卒姚江賦注

楊日東字子升少業儒凡陰陽醫卜兵家攻守之術無不

畢窺里有余某精堪輿術多奇驗曰東悅之遂盡其術後又遇異人於玉笥山中口授地理祕訣數篇豁然大悟以營壽宮宰相余有丁薦曰東徵爲欽天監博士主其事壽宮成例當增秩曰東謝病乞歸士大夫高之時越有三相余有丁沈一貫朱賡其父兆皆曰東所占云乾隆志叢談引萬歷志

馬咸久號季通諸生習天文兵法地理尤諳內典乾隆志叢談

嚴叔信行坦五人稱其行善醫用藥專以附子不問寒熱虛實並效人號爲嚴附子乾隆志叢談引萬歷志

孫天錫博學隱居四明四方賢豪長者時造其廬精於醫尤工治瘵然恥於計謝人高其隱德同時沈照善治痘子塘傳其術益精輒從未病時決小兒死生如神然難與天

弼比德乾隆志叢談引萬歷志

國朝

李和字甦凡號聃孫與翁逸徐邁並工繪事和尤得北苑家法黃宗炎有詩云聃孫老八亦老友文筆長能擅繪采殘膏賸墨自足寶裝潢成軸揭模楷蓋心折之矣姚江詩存

陳時字九若遊寓海鹽嗜古金石刻書學顏柳筆意遒勁大兵入見其書帙滿兩袖笑爲腐儒釋不殺時拍其肩大呼曰上天好生兵怒遂遇害所著詩文有藥鴟集嘉興志海鹽續圖經參檇李詩繫

徐邁字仁則性孤潔善蘭菊詩亦清絕無煙火氣續姚江逸詩

陸韜字秋岸詩字畫皆逼眞大家見自題畫卷云看雲疑

是青山動雲自忙來山自閒惟有老夫忙不了朝朝洗硯看雲山其高致如此續姚江逸詩兩浙輶軒錄韜一字大生尤善小札有六朝風度

金淵字子英號若水早歲能詩即爲翁逸所稱許嘗受六法於李和其後參用營邱一峯筆法自成一家同時鄒尙邵元榮並工點染見淵畫輒遜謝爲弗及愛遊四明羅壁山每言諸公但愛我畫不知四明自有眞畫没後葬於羅壁蓋從其素志云姚江詩存黃宗羲曰我姚原有風雅一派相傳不絕如黃廷直之山水徐秀夫之葡萄家醒泉之菊皆名海內其一知半解爲予所及見者爲李聃孫及舅氏翁祖石子英既工畫復能詩於忙迫世界得稱閒人蹤迹日在僧寮山店還我姚江面目非此人而誰與

鄒光紳字武繩號用天老人工書法與譚宗齊名姚江詩存

楊翥字秋遠順治八年舉人知文安縣詩文字畫皆摹效

董其昌而畫尤神似生平頗自愛世罕有傳者續姚江逸詩

邵點字蘭雪太學生隨父還蘇州少孤事母孝書得虞褚法畫似倪瓚嘗賣書畫養母入都遊太學名動公卿累試不售卒於京師有四可齋燕遊詩三卷吳縣新志　案畫徵續錄邵點字子與一字初庵吳縣人善山水能詩未識是否一人

樓鎮字叔重號悔庵歲貢工書法所臨懷素千字文深得折釵遺意詩亦雄健惜不可多得姚江詩存

姜廷幹字綺季一洪子風流倜儻詩畫文章無不登峯造極繪事山水外精寫生更善繪花鳥思致奇妙下筆不專取形似施閏章贈詩有觸手見超逸之句續畫錄參圖繪寶鑑施愚山集

經綸字崑叔人物仕女殊有奇致圖繪寶鑑

鄔希文字亦范號松巖乾隆閒歲貢學使鄂以數十題博訪奇才異能希文一一應命首被賞激工文章善琴畫亭亭玉立贅居都門爲商太史寶意寫中泠試茗圖自題其上云憑將大落墨寫出小遊仙乾隆初應制科寶意贈以詩云何人預掃門前雪看爾新銘克敵弓用周必大洪景伯應鴻博科事也既居吳下愛潔成癖詩畫之外焚香鼓琴有倪高士風致國朝畫識參越風小傳姚江詩存

楊建泰字軒山號柳溪僑居上海工山水尤善用青綠馮金伯墨香居畫識

張業字維勤號味琴有典業在吳門歲或一至至則索畫者蝟集勢不能酬應即遯歸焉金伯偶見其水仙拳石筆

墨精雅亟許之墨香居書識

鄒上驤字子靜郡廩生幼失恃事繼母以孝聞家產悉讓昆弟工岐黃向在南浙與章素問呂晚邨交善有歷科傳書選行於世續姚江逸詩

景山字筠標號雙巖嘉慶間歲貢五歲受書過目成誦闚覽經史百家輒手加丹鉛兼工書法廣羅古今碑帖兼綜博取其筆端變化不可端倪得其片楮者爭珍弆之著有西爽樓詩集五卷古文二卷子福精地理之學著四書會纂二十卷地理辨正心印八卷山龍心印四卷水龍心印十二卷心印集說四卷藏於家

史義本字敬亭少時應郡試遇異人授書兩卷晝夜研究

遂精占驗術家無立錐地僦居祖祠有古樹鳥巢其上一日窘甚命傭緣樹探巢得藏金數兩踰年積餘金如數仍令傭還置巢中傭曰藏金無主奚還爲義本曰此金乃應一樵夫得明日當來取可暫借用耳次日果有樵子入祠閒玩既乃坐樹下傭方凝視以覘其異俄風起有飛鳥三四穿樹過風動鳥觸銀振落恰在樵子懷中張羲年保題引　見義本喜爲之卜私記云時鳥嘑狂仍反舌好花開足便飛紅臨行贈詩有要言含笑屬暗淚落腸乾之句羲年不及　殿試而卒義本蓋早知之其他奇驗類此姚江事蹟

餘姚縣志卷二十六方伎終

光緒重修

餘姚縣志卷二十七

方外

周

益昌有仙術隱於四明山石室後尸解去漢梅福遊此山夢神人謂之曰周時益昌化於是地其骨尚祕天井及明福果獲之遂與收掩四明山志參鄞縣志

漢

張平子居三朵峰石屋道書言其劄木此山有板木三五堆作紫金色常有雲霞覆之其後張充拾得五寸至會稽太守處削作胡蜨便沖天飛去四明山志

丹邱子不知何許人邑人虞洪嘗入四明山採茗遇一道

士引三百青羊飲瀑布水曰吾丹邱子也山中有大茗可以相給他日有甌犧之餘幸不忘也洪因立茶祠是後往往獲大茗四明山志引神異記

白君有仙術隱於潺湲洞側劉綱同妻樊氏從之學道亦遂居於此四明山志

劉綱字伯經下邳人初居四明山後爲上虞令有道術能召役鬼神政尚清靜歲歲大豐民受其惠師事白君歷年道成邀親故會別飲食畢登大皁莢木上去地十餘丈舉手而別忽然飛入雲中妻樊夫人亦有道術俱昇天大蘭山有白水觀乃其遺蹟宋封劉綱昇元明義眞君樊夫人雲翹封昇眞妙化元君嘉泰會稽志參四明山志乾隆志引神仙通鑑綱嘗與夫人較術

綱作火燒碓屋夫人禁之卽滅庭中有桃兩樹各呪一樹使相鬬擊良久綱所呪者不勝走出籬外綱吐盤中成鯉魚夫人吐之成獺食鯉綱與夫人四明山遇虎綱禁虎不動去則便號夫人繫繩虎頸牽歸牀側綱試術事事遜於夫人大蘭山有皁莢樹綱升樹數丈方能飛擧夫人平坐雲氣冉冉而去

始皇先生不知何許人雲笈七籤曰第六十三福地菱湖漁澄洞在古姚州西始皇先生曾隱此處四明山志

晉

支遁字道林嘗經餘姚隝信宿彌日不去或問其意曰昔安石相從未嘗不移旬今觸情是愁耳乃移隝中永和元年閏四月四日沒葬於隝中嘉泰會稽志互見山川志

齊

道慧讀遠公傳慕其爲人遊廬山卜居西林三年王式辨

三相義慧詰難之詞句煥顯又就學猛公猛講成實為張融所難使慧當之挫其鋒氣融大服褚澄謝超宗皆加敬焉嘉泰會稽志

梁

明慶戒行明白多蘊藉嘉泰會稽志

唐

王可交崑山人以耕釣為事咸通十年櫂漁舟入江忽遇花舫招之入內有道士七八設燕奏樂噉可交以栗尋送之上岸則在天台山瀑布寺前越州廉使驗實以聞可交自是絕穀挈妻子往四明山二十餘年復出明州賣藥酤酒言藥則壺公所授酒則餘杭阿母相傳藥極去疾酒甚

醉人明州里巷皆言王仙人藥酒世間不及道俗多圖其形像有患瘡及邪魅者置之即愈後三十餘年卻入四明山不復出後人時有見之者四明山志

章全素南昌人從吳郡蔣生於四明山傭作甚怠時蒙笞罵蔣生學鍊丹每葺鑪鼎爨薪鼓鞴積十年而不成一日全素指石硯而謂蔣生曰先生好仙術亦能化此硯爲金乎蔣生慚而復罵之曰汝傭安知餘事全素曰某或能之蔣生叱其誕妄而退明日蔣生出外歸則全素已卒蔣生掩其尸於簣爲之具棺及發簣尸失所在已視其石硯化爲黄金光彩爛然蔣生始懊悔竟死於四明山中太平廣記

俞叟隱居四明山從道士學卻老之術後至荆州晦迹爲

市門監時王潛節度荆南有呂生以故人子索遊潛不爲禮俞叟憫其饑寒延至舍中摧檐壞垣爲呂具脫粟飯夜旣深取一缶覆地少頃發視見一人長五寸許紫衣金帶俞叟曰此王公之魂也旋責其薄待呂生失親親之道紫衣拱而受命俞叟曰呂生所需僕馬之外縑二百匹而已紫衣諾之復覆缶少頃發則無所見矣明旦潛即召呂生所資一如其數四明山志

許碏自稱高陽人累舉不第晚學道於王屋山周遊五岳後從峨眉抵江淮茅山天台四明仙都委羽武夷霍桐羅浮無不徧歷所到皆於懸厓峭壁人不及處題云許碏自峨眉尋偃月子到此筆勢奇縱觀者莫不歎其神異竟莫

詳偃月子爲何人也四明山志

靈一姓吳氏居宜豐寺精於律學每禪誦之餘輒賦詩歌與朱放張繼皇甫曾爲塵外之友高仲武云自齊梁及宋道人工文多矣一公乃能刻意精妙與士大夫更相遞和不其偉歟如泉湧階前月雲生戸外峯道猷寶月何曾及此全浙詩話引全唐詩錄案宜豐寺舊志不載今亦無考

徐仙姑者隋僕射徐之才女也已數百歲狀貌如二十四五善禁呪之術獨遊海內三江五岳天台四明羅浮括蒼名山勝賞無不周徧多宿巖麓林窟之中有豪僧數輩侮之忽僵立尸坐若被拘縛姑去數里僧方如故四明山志

五代　吳越

行修號法眞泉州人本陳氏子長耳垂肩七歲猶不言或曰瘂耶忽應聲曰不遇作家徒撞破煙樓耳長至金陵瓦棺寺祝髮受具參雪峰義存至四明山中獨棲松下說法天花紛雨又趺坐龍尾巖百鳥銜花飛繞十國春秋

行持姓盧氏明州人有高行而喜滑稽住邑之法性院貧甚有頌曰大樹大皮裹小樹小皮纏庭前紫薇樹無皮也過年老學庵筆記參四明山志

宋

吳眞陽號混樸子從虛靜張天師學遊歷至白水宮止焉政和六年詔授丹林郎丹山圖詠曾堅序

謝寶四明烏巖村人年數歲夢眞武爲浣腸溪上至今水

有赤色天寒與羣兒束芻爲龍龍入溪觸石即成深潭又嘗祈雨使母以簸箕作聲以紡車灑水母忘之但震簸箕遂有雷而無雨建炎三年召其鄉里曰吾卒慎勿葬我越三年忽聞棺中有聲啟視之貌如生火從頂上自焚四明山志

志遠姓呂氏年十七出家上虞等慈寺徧遊諸方精解天台宗教高宗嘗詔講於內殿賜師號紫衣遂爲東南講席之冠李光陳槖張驎趙不搖皆愛重之年七十卒龕留五日顏色如生茶毘於烈焰中身不歆側舌根不壞兩浙名賢錄

呂處仁次姚四世孫案原作次姚子嘉定閒隱居四明山得異術禱雨及爲人祈禱甚驗尊爲演教眞人及卒以劍投後橫潭每風月清明之夕其劍常飛出兩浙名賢錄　案乾隆志仍四明山志處仁字

次姚府志仍名賢錄作處仁次姚子二說舛歧惟三祠傳輯呂次姚傳引呂氏譜次姚子克勤克勤子仲應仲應子士寧士寧子處仁嘉定辛未進士端平十三年敕封眞人世次較審今從之

毛永貞字善卿初從三華院貞一先生朱本初遊旣去隱餘姚山中搆清暉亭於瀑布之下營石田山房以自休息有同學薛毅夫爲賦石田山房詩一時名士多和之危素白水觀記參曾堅石田山房詩序

元

與恭字行已號嬾禪清貧高潔精通經典工詩嘗遊臨安冷泉亭題詩云天竺雨花飛寶臺此山門對冷泉開石擎老樹無人識時有黃猨抱子來趙孟頫賞識之遂與定交後遊蘇州定惠寺端坐而逝檢其囊有回雁峰詩官路迢

迢野路稀薄寒催客早添衣南分五嶺雲天遠雁到衡陽亦倦飛及茶毘有堅固子有鄒盛者字茂義學儒業積善喜施然好吐納生宋祥興已卯至洪武癸丑卒得年九十六將卒囑其子曰葬我以茶毘用其命亦有一堅固子頂刻生芽歲漸滋長子孫至今寶藏之嘉靖志

普容字太虛姓茅氏世姚人修常行常坐恆有徒數十百人著圓修要義一卷然未嘗示有證入歲饑瘦爲粥活若干人又用闍維法斂送其死者若干人紹興路禮普容建普度會竣事若有歌謠聲慶元路以旱告詣白衣觀世音像感瑞光如瓔珞雨三日而止尊貴皆敬事之周遊明越間晚主明之乾符示寂於慈濟學士黃溍銘其塔嘉靖志

宏濟字同舟別稱天岸州人姚氏子有戒行墳典過目不忘道術深玄楊維禎亟稱其詩以流通經教爲任凡尸法席講演宗乘感天雨花泰定二年鹽官州海潮衝激隄岸民甚患之行省丞相脫讙禱於上竺廣興佛寺請濟親履其地濟冥心澄慮詛以沙水足跡所到土皆凝然壽八十五書偈而寂陶器藏蛻質於峨嵋山之陽嘉靖志

白虛道士自幼絕俗不羣委贄老子法中修其業甚穎能召雲雷致雨暘追擊鬼神以救人災害至正間州治東民舍嘗連夜有瓦石擲屋上達曙有聲覓之無見白虛爲治之怪遂滅比歲夏旱爲州治禱雨輒應二十二年秋帥某寓居有怪諸幼亦嘗災藥不得治請白虛治之怪與疾俱

去某以金帛報白虛不受宋僖贈白虛道士序

明

自悅字白雲天台人居邑之燭溪精於本宗旁通儒書陶安每與譚易亟稱之有異術能呪潮水不至事在善政橋記洪武初被徵見上講無祀鬼神論稱旨後賜住杭之靈隱寺及示寂有堅固子嘉靖志參明詩綜

如玘字大璞案嘉靖志作業號眞庵溫莊端確持戒甚嚴說經偈能感動大衆嘗住持杭之演福寺詔以爲僧錄司左講經住天界寺恩寵甚隆熟於藏經太祖雅愛之問曰爲僧不了其報云何對曰爲僧不了永墮阿鼻地獄上曰出何典玘曰出藏經第幾卷上變色曰然則吾當何報耶玘叩頭

曰天生聖人爲生民主豈同於凡類耶上曰此又出何典玘曰出藏經第幾卷命取經閱之信然大悅諭諸大臣曰卿等雖名有才不若是僧之忠誠也臨終沐浴更衣請上告訣適有事不見玘望位叩頭曰臣有生緣無死緣上聞知其語歎曰噫玘死矣使人視之果卒賜祭驛送還葬嘉靖志參歷代小史

如皋字物元明眞寺僧有詩名與白雲朱石唱和白雲稱其流麗和平風度閒整洪武三年以高僧徵至京館於天界寺無疾而逝嘉靖志參四明山志

宗林字大章宋氏子年十三出家嘉靖初遊都下屏跡香山開萬壽戒讀詔選宗師爲十座首林其一也世宗奉玄

林上書規勸請宏護大法上不以爲忤臨終有辭三寶辭世詩題曰浮生夢幻篇與香山夢寐集傳於世姚江逸詩傳

許極字無極號無庵目不識一字有異僧過邑衆往作禮求其術僧不語但舉錫杖畫地如一字衆皆莫省極伏地前曰師道是惟一無二僧舉杖指其面良久極自是有所悟入觸事遇物能說偈語深中道妙嘉靖志

彌永蘭亭號日庵建初寺僧了悟內典忽瞑目見佛光接引遂占偈端坐而化嘉靖志

智遠字空林崑山朱氏子參圓悟於金粟悟引爲入室悟死凡平日品題者皆請同行補授衣拂或拈香上座遠鄙之遯處四明知止庵故其詩有解行自捫無愧怍姓名何

必上傳燈之句康熙志參姚江逸詩傳

正嵓字豁堂邑中徐氏子寄跡禹航祝髮靈隱能詩與滇僧蒼雪詩並重海內著有同凡集極爲王士禎所推許感舊錄存其詩姚江詩存張廷枚原案曰漁洋詩話以豁堂爲杭人誤

等安號全拙吳僧薙髮來藏經閣邑中名士皆與之遊黃宗羲稱其詩淸絕無煙火氣又善飲酒後耳熟抵掌談經世之務蓋娓娓焉續姚江逸詩傳

大瓠字用無號箬在宣城沈氏子名麐生字丹紱父副使壽嶽死國事麐生遂祝髮受戒於靈巖洪儲案洪儲字退翁興化李氏子嘗與義師被逮既免每歲三月十九日必北向焚香揮涕拜二十八年如一日亦勝國遺民也出家住靈巖最久故大學士熊公開元亦師事之已而之姚江黃竹浦依黎洲兄弟以居築

龍聽庵於山中尤與晦木唱和相得叢林稱爲龍聽大師姚江詩存參先正事略

國朝

轉安出身武舉少以豪俠聞輕財結客頗扞法禁奏當論死用智術免而潛從征吳逆屢立奇功大將軍奏授江西糧道艱歸遂棄家爲僧於吳興之白雀結廬以居姓孫名旭字子旦餘姚人乾隆志叢談引馮景樊中集

圓戒字妙行本姓黄明萬歷閒餘姚農家子幼聞呼名輒自疑覩日落影逝警而有悟未嘗識字夕徹農事即掩關靜坐凡二十年遂信口作偈即儒家經史問之應聲而解每謂儒釋無二義至比念珠爲牽牛繩嘗題法堂聯有罵

佛亦成正果語以童男子初參有得於龍池旋主天童西堂後住奉化山中士大夫往叩一二語或恍然冰釋願師事之順治四年預知辭世或請一偈答云我從來無一字與人求之切乃曰入夜月華窗底白到秋松韻耳邊清七月廿一日夜半呼侍者曰月出矣趺坐而逝黃炳黃氏續錄引浙江通志　案炳松江人是錄康熙間所訂也

餘姚縣志卷二十七方外終　　光緒重修

嘉靖志後序

祖宗宰制海宇興化右文至於今日六合同風大邦小都咸有紀述姚以文稱誌顧缺焉道竊愧之方欲蒐輯所聞廁於註述之末會郡邑屬以編摩乃與史家二檀楊氏龍江胡氏追列有邑以來人文物采以成姚志其文義至蕪陋其爲記譜傳十有八篇叙曰

粤若帝舜肇啟封土秦皇列縣稱名自古墉隍阨塞規制位署沿革損益因世參伍述建易記第一式圖邦土庶政允裁占天則地域民聚財通公利私厥有以哉述區域記第二名山大澤豐林茂原鎮奠方隅爲屏爲垣民用攸利靈異永存述山川記第三姚習烝烝曰自虞帝更千百年

風韻離跂觀民設教相士裁器呰窳純固好尚宜異大不淫侈細不乏匱稽古繩今爾覽載志述風物記第四生齒繁縮財力贏費惟政隆污惟邑司計舉之措之庶之富之今昔歧之勿重蠹之版圖書契代存歲繫述版籍記第五舜命司徒王教伊始惟厥故封允蹈遺軌家絃人誦宗師孔子皇矣廟學文炳豹別游斯脯斯惟聖惟哲一道同俗匡我王國述學校記第六聖人愼祭緣情因俗法視周文無怠無瀆壇壝廟祠致祈報福賢哲邱墓凡亦此族有民有土敬恭尸祝述典祀記第七建官樹師代寄民社亮采虞邦愼徽物軌惟茲德稱時乃化理策名數職否臧具舉鑒往圖新爰寓厥旨述官師譜第一濟濟多士邦之尤異

國之令器網羅殊途帝臣靡貳在古蔑紀趙宋伊始逮於
天朝彙進朋起述選舉譜第二孱孱細弱化由循吏惟此
父母倘亦有利德惠在人沒世不遺述名宦傳第一古今
名流或寓或游一隴一邱遺後人求睢睢名德是儀是式
述寓賢傳第二大川喬嶽寔產英特或出或處或語或默
殊途同歸爲世準的東京以還靡所攷識著自嚴光景星
鳳凰苞總犖淑牖振邦俗述人物傳第三匡教坊民女德
恂恂顯微具舉永世弗淪述列女傳第四左道惑衆王教
屏棄聚徒拓舍深根固蔕予爲此懼列在外志述外記終
焉邑人岑原道

萬歷志序　乾隆志藝文

夫志之不可以已也非獨備文獻而垂來茲即長民者匪是胡以驗治維風相土阜利不幾擿埴索塗冥行無當哉故巡閭而問俗不如案籍之核也更駕而度地不如披圖之便也邑舊有志顧志不能不與時遞變也故者更始亡者開先良有司事也歲辛丑金沙史侯來莅茲土甫逾月百廢具興已乃蒐於故實圖新之則前署事郡理孫公業有請矣侯復詢謀諸博士上之監司郡國咸報可以屬不佞應文偕給諫楊公文煥一時同事編摩者爲孝廉邵君圭葉君憲祖而採摭則諸生翁大端邵應祺朱文輝分任之凡閱七月而志成不佞宜有言次首簡自惟寡昧操牘見域邱里其所論著既已遠愧三都猶自以身爲玄晏乎

雖然有諸君子在聊以告成事而已夫邑之志不猶乎國之史哉晉楚大矣而春秋以魯特聞詎魯足重以魯人重也不佞姚人也安所重姚粤自句踐之困會稽也與其大夫種蠡之徒候天察地厲卒廣儲無日不討國人而訓之二十年遂以沼吳而威列國則越之重於天下舊矣姚非越首邑歟此偏霸不足術也遠睇郊坰則有虞氏之故墟在焉周覽城邑則夏后氏之遺文閟焉俗漸而順民化而勤則猶有上古之風焉扶九鼎於一絲北鄙客星嵬然入望高風亮節猶令人想見矣明興二百餘年名世迭生眞儒挺出或司鼎鉉以宏化而光輔三朝或揭良知以明宗而大鹿交喪至砥節逆藩殞軀粤寇忠貫日月義秉丹青

夫非此邦之人哉山川無恙也土方氏之職貢非滅也而風俗移人大有逕庭矣設輶軒使者如昔賢問士於功曹安所置對乎夫孔子歎周末文勝而有先進之思他日又曰斯民三代之所以直道而行也今章縫冠帶之倫閭巷韋布之士誰非食舊德服先疇者豈其以直道而今古之張侯則決拾者趨立表則期集者赴蓋溫陵黄侯繼至殺青始就而憲使宣城葉公紀綱於工實式靈之葉公蓋前令余邑者也劢校則學博錢君允選蔣君霈錢君瑩而佐領朱君應魁程君尚友林君雲程皆與有襄事之勞者例得並書沈應文撰

康熙志序

一時之風教責之令千百年之風教係之志稽古周官之載太史採風小史掌邦國之義而職方訓方形方各有專官以考乎輿圖正其疆域迨秦氏郡縣其民法制龐雜厥後史臣載筆往往撮要提綱而分源匯流於是郡有乘邑有志則志也者不特一邑之建置沿革山川形勝以及田賦物產之繁賾使千百世後覩之者於盛衰利弊之所存較若列眉即其時官方人物所爲忠孝節義立意較然者皆得有所託以傳焉而廉頑立懦則信乎風教之淵源所宜亟引之而長也余向令廿亭軍旅倥傯之後羽書方息即事於志竭蹷成書茲者令姚復餘二年夫姚之志癸亥開前李令嘗修之迄於今雖川原如故風土依然然未十

年而殘闕失次者已不但魯魚豕亥之感則數千百年間忠臣孝子義夫節婦其潛德之幽光必多失於斷簡殘編更數十年而雲散鳥沒誰復知之者將賢者無以作之型不肖者無以感而化風教不振非長吏之責而誰責耶且姚之民秀中而惠外忠孝廉節代不絕書即江河下矣聰明不用於詩書愿朴不安於耕鑿而王錢孫謝之遺風未嘗不可一變以至道況幸生熙洽之代其有不力田孝弟復其古處者乎然而鼓鐃後進續前修以引之使長者則令事也余嘗初至即欲纂修乃簿書期會焦勞未息而午秋絕古之水患將尋而至漂人畜壞田廬鳩形鵠面仰屋哀號者浹年未已且捐賑請賑日不遑食也嗚呼此非復

向者甘亭時矣遑志是問哉幸
聖天子南巡諄諄以敦本爲諭而督撫各憲澄清吏治興
民觀化府憲又教養兼施於是連歲豐穰民樂而吏亦閒
也余乃思曰風移俗易其此時乎顧余令也前有令聞而
軼其跡後有好修而無與傳一時千古余敢忘之用是冒
暑披襟取舊志手自編摩一切事蹟之在舊者補殘序軼
人物之在近者勿濫勿遺三月告成付之梨棗匪徒以塞
責也蓋庶幾與吾民觀德化之成以爲風教永長之助云
爾旹康熙壬申小春之吉　賜進士文林郎知餘姚縣事
加五級河東康如璉題於五柳清署

康熙志序

郡邑之有志猶國之有史也史有二體曰列傳曰編年列傳者從人凡天文食貨河渠刑法之屬亦繫焉而畫於一代編年者從世凡治亂盛衰天時人事之屬皆繫之而引於無窮二體判然得一而畢惟郡邑之志既有其傳贊書表以昭夫一代而類聚之中又各有其歲年損益以底於無窮蓋兼有史家之二長而後可以立志此其所以難也抑非獨創者之難也續者尤甚蓋論事則創者得於載籍之精續者僅羅案牘之物論人則創者得於論定之餘續者不過見聞之頃一或未核無以傳信其事彌近其難轉加賢者所以往往輟筆也　國家車書大共幅幀廣被邇

詔儒臣纂修一統志而郡邑志者一統志之先資也今

一統志尚未告成而姚邑之政事人才典章禮樂之數十數年間又有增益邑侯康公以爲苟不及其明備而修之恐曠日持久漸就舛蕪是貽後來以難而身享其逸心竊耻之故延訪賢乂博採輿情躬自較覈期於傳信其有功文獻良亦偉矣嗟乎信之一字動關千載當堯之世洪水橫流其曰蕩蕩懷山襄陵浩浩滔天後人以爲史臣形容擬議之詞非實語也乃客歲庚午姚災特甚龍蛇起陸驚沙坐飛陵阜陸沈只天在上然後知堯典之言非同貌寫由此而觀則今之傳信與後之聽信皆有不易者矣是役也姚之淪胥殆半康公長號將伯與郡牧李公起孑遺於垂盡之餘者十萬家凡公之所爲者極難不難不足以見

康公類如此矣若夫清獻鄭公之傳信則又在乎後之賢者時康熙三十一年歲次壬申奉天府府丞里人姜希轍拜譔

康熙志序

士君子足不出戶庭而究知寰中形勝有里居徵逐生長父母之邦不能辨一區之風土人物者大抵察於遠而遺其近攷之版章或詳略之不同也余自卜築武林者久之於姚阻一葦之航囘想菁江慈渡羅壁客星士大夫往來宦遊者視之如郵亭傳舍簿書以外無聞焉孰能以文獻之存沒爲念者邑侯康公涖任以來善政班班自有輿人之誦余不多及及歲庚午洪波降割小民蕩析離居懷山

襄陵浩浩滔天粒無遺種公乃撫膺長號求援各憲請蠲請賑起數十萬生靈而登之衽席是公之造福姚民不淺也至是復捐俸繕貲聿新縣志爲急務其有功於民教又豈淺鮮哉夫邑之有志猶國之有史史以傳信而志不能不與時遞變故先是縣志爲吾邑工部侍郎雷門沈公詳定於明季之癸卯固彬彬備矣然吾姚山川靈秀代有偉人數十年來不無忠孝節義文章理學以及隱逸之流幽貞之女棲身塗巷立奇節而名湮沒者倘不經海内鴻儒考訂而裒益之幾等於漢水亡珠延津失劍何以證信而昭示來茲矧其開若政事若人心若風俗遞有變更不可枚舉要皆志中所不可不載此公之所以汲汲於是也公

以爲拯溺救饑起萬家之煙火恩及一時而已摘奸剔蠹
聞四境之歌聲利及一郡而已何如發潛德之幽光俾匹
夫匹婦知忠孝節義理學文章稟於性天而志內遺載者
增補以垂不朽乎嗟乎始知人生所爭不獨一時而在千
載所慕不止一郡而徧萬方非有功於名教而能若是耶
方今薄海幅員河山指臂　詔詞臣修一統志而我公郎
有縣志之修可以大小同揆昔班孟堅志漢地理著述家
祖之可以古今並視豈曰掌故具文而已哉異日由邑而
郡由郡而省會而神京莫不有志有源有委如江漢之朝
宗於海也倘後有作者踵其事而增華載在名宦之科與
歷代諸公先後則公之聲施又當何如也余於是表而出

之時康熙三十二年歲次癸酉三月　賜進士出身嘉議大夫內閣學士兼禮部侍郎邑人盧琦撰

乾隆志序

餘姚舊有志康熙間知縣康君修之去今且八十年矣三原唐君來尹兹土期年政成力思進治於古勤仰前良用率厥典爰考舊志闕焉無徵則喟然曰此守土者之職志也不卽不圖其奚以彰信於後於是博採遐搜增新訂舊改定體例釐爲五門曰考曰略曰表曰列傳曰錄其各門所不能備者件繫之曰叢談凡四十卷其文直其事核世之作志者蓋未之能先也書既成屬余序其簡端余惟餘姚南連四明巖岫盤互北距大海茫洋澶漫渺與天際實

古越之巖邑也明代屢苦倭寇登犯增置新城以爲防禦而衞所諸戍分屯扼險居民粗獲安堵貞元之世蘖牙其閒宅幽阻深府亂鍾禍雖孫徐之流毒不酷於此矣自我

朝暢以德威漸有醲化涵濡百數十年於是陳烽故壘剗削消磨蕩爲夷庚生其地者農服先疇士食舊德遊大同之治而不知所以爲之者通志所稱務本不爭多至百歲往來阡陌熙熙如無懷葛天氏之民者乃今更復見之嗚呼何其幸也顧念運際休明 聖人繼世海隅蒼生固宜罔不率俾矣至於承流宣化遞而致之民則必因時宜俗以適於治而後無乖奉行稱 上德意是非親民之令莫與同功也故一令賢則一邑治天下之令皆賢則天下

治姚誠一邑耳迄今衣冠禮樂之盛炳焉與古鄒魯同風其來詎無所自則凡典章之沿變風俗之轉移　國家之厚澤深仁賢有司之良法美意使不及時輯錄日就蕪沒後有作者典籍散落傳聞迷謬臆決濫登分離乖隔貽誤後人爲害滋大故志乘一書賢令之所重也雖然志慮短淺日營營於刀筆筐篋之間者力有不暇暇矣又以非先務之急棄而不爲即間有爲之者學不副此苟且掇拾益之蕪穢取譏後世故往往難之然則姚志之修非唐君不肯爲亦非唐君不能爲唐君其庶幾今之賢令歟余之涖越在丁酉與唐君先後間志成於戊戌三月未幾而唐君以課最移令錢唐去其治錢唐猶治姚也明年庚子　天

子春巡江浙省方問俗而黜陟之典行旌賢擢能唐君其自此遠矣顧唐君之於姚故朱邑之桐鄉也則是志之傳豈僅與武功朝邑爭不朽之名於著述云爾哉時乾隆四十四年歲次己亥秋七月穀旦　誥授朝議大夫知浙江紹興府事加五級北平秦廷堃序

乾隆志序

餘姚漢舊縣抱四明而臨渤海土厚俗醇懋産人物先後蔚興爲浙東望邑余自丙申涖任欲考其圖經求布治之要務與夫耆舊之傳先正之遺文以徵余平日所聞見而故牒闕如流傳互異蓋縣志之不修者八十年於茲矣宋儒有言修志之難同於作史直筆公心兼長斯善又謂因

時更變與俗推移當及時修志以爲治譜然則修志固宜得其人而新舊相乘尤不容逾時而不舉恭遇　聖朝文治光昌圖書大備令長奉上憲教誨肅清吏治期於善俗而興賢縣志之修宜在今日余少讀武功志歎其簡而有法及遊宦浙中求宋人舊乘若會稽赤城諸志俱條例謹嚴裁制精審益以知古人著作之流貽非苟然也夫才不逮古人而鋪陳排比徒尙浮華何益於治事以徵信爲難詞以立誠爲本好古善述前事可師與其採諸空言不如求其實證況餘姚爲文獻名邦藏書家多蓄異本嗜古者殫見洽聞堪資諏詢何患文獻之不足徵哉予自下車卽取史傳及省郡之志與舊志互相考覈苦行篋之寡書也

則假諸邑中藏書家慮一人之見聞狹隘也則分採訪冊於都人士繼又設局於儒學余時至與賢士大夫往復商榷以論定其是非簿書之餘舟車之暇不假手他人惟以修志爲事閱一年有餘而始克成書雖不敢自信爲完善而備稽考之資杜冒濫之弊亦可共信於邑人矣至於圖經之辨證政治之總要人物之合爲列傳暨遺聞軼事之附載者別爲凡例以明纂輯之意焉乾隆四十三年三月

知餘姚事三原唐若瀛一峯氏撰

乾隆志序

自漢書創地理志與紀表傳分列厥後元和郡縣十道圖志新舊九域志俱兼綜方夏卷帙綦繁其專志一郡一縣

者自祥符圖經始杜君卿有言志書之體在辨區域徵因革知要害察風土而南軒論修志不可不載人物典型繫焉世教補焉此立言之體要撰述者所宜知也餘姚古句餘地襟江帶海爲越州巨鎭距會城三百十里而近山水之靈奥雄秀載在圖牒其地宜杭秫木棉士好學敦尚氣節見於後漢書三國志新舊唐書者炳如星日所謂東南之美非特竹箭不加纂輯其曷以備掌故而示來茲余於著雍閹茂之涂月由太平調任茲邑前令唐君一峯修志之役適告竣唐君涖治三年廢者以修墜者以舉慨然念前志之未備精心搜討補闕訂譌發凡起例門别廿五卷盈四十美哉秩秩乎體裁整密遠不遺近不濫若宋景文

所云事增於前而文減於昔者斯志足以當之矣余不敏繼唐君後夙夜敬慎時以忝職爲懼語云前事不忘後事之師也成書具在宰斯邑者不用旁詢掾史於以廣見聞備勸戒一展卷得其大略其爲益豈淺尠歟夫餘姚舊無邑志太倉顧存仁知縣事剏有草本後則金詔嗣成之康如連續修之考餘姚命名之義太平寰宇記所引據最爲近古故王錂稱餘姚習俗有古舜遺風　聖天子軫念民依庚子之春　鑾輅時巡五臨三浙斯民涵濡於德化者日益深休養生息以蕃以育熙皞成象媲美有虞以是編登風俗之書余深幸適覯厥成而因以識唐君譔述之得體要也謹拜手而爲之序乾隆四十六年春正月餘姚令

山陽李汝麟書於邑署之蓬萊閣

三祠傳輯序

粤自圖史肇興志傳斯作俊哲洪秀偉彦之倫依據舊聞著爲成說幸茲文之未喪孰云盛而勿傳故夫表章曩哲推闡前烈自陳留傳人物汝南傳先賢咸足爲史家所采擇焉吾邑爲越名都鍾毓特異遠眺山嶽則漢客星之高風在焉周覽川涂則宋燭湖之遺緒存焉元明以來名世挺生真儒輩出或司鼎鉉以宣化或蹈鋸鑊以成仁行誼夐隻志節炳爍夫非此邦之人哉顧邑不可無志志不可無傳明嘉靖朝顧公存仁知縣事搠立草本金公韶嗣成之尚寶孫公墀重加編輯續之者爲嘉靖壬寅志則湖廣

提學副使楊公撫進士胡公膏處士岑公原道所纂也撫盛推原道編校之力居多獨所修列傳則撫受於其師于公震手定稿本足方信史迨萬歷癸卯志總其成者爲宮保沈公應文偕臬使葉公憲祖贈光祿卿楊公文煥攷訂得失最爲詳審列傳悉出手裁自歸體例越九十餘載爲康熙癸酉志邑令安邑康公如連屬侍郎盧公琦修之少變癸卯志例而板惡劣不可讀今所存者乾隆戊戌志也志爲三原唐公若瀛所成公惠於爲政其爲志亦有補前志之未備者顧予於此竊不能無惑焉邑疆域城池猶是也山川湖陂猶是也即祠祀風俗食貨物產亦無不猶是也所宜修者獨一傳耳今其爲書凡於列傳若謙而不居

系之曰見某考見某錄見某志或則曰從本傳夫本傳猶可也彼所謂考者錄者志者豈猶傳體乎而猶得謂之傳乎無怪其於胡公安則錄瑞雪表一聯戚公瀾則記投壺諧謔語果其無可考也不傳可也若取其末節而錄之是直暴其短而已矣暴其短是終沒其長而已矣嘗聞之前修曰作傳者窮蒐討之力秉是非之公而又區別其傳聞誕妄之說乃可無憾然則先進嘉言懿行實有爲吉光片羽者又將如之何曰是當倣漢書分題例標舉而條繫之鉅公元夫則立專傳戌戌志鑒前志之失不復分類體例最合其有單詞窘寂遺失要領誠如昌黎韓氏詩云挂一念萬漏不當錯列於傳類矣若予之爲是輯也專爲名宦

鄉賢忠義三祠而設祠之宜傳者夥已今於名宦獨取捍患禦災興利除害以及傳教敷大端餘則宦蹟具載志書故不錄鄉賢忠義第取邑志中之闕者補之失者正之無可補無可正者亦不錄也卷末附祀典外諸賢傳若干首缺簡遺文補其未備亦存什一於千百據所聞而述之云爾予非好事也夫亦曰漢水亡珠延津失劍志在珠焉劍焉已耳故甯使擇焉不精無使語焉不詳後之修志者取是輯而採擇之附尺壤於崇邱勉千慮之一得聊以爲助或有取焉若曰表章推闡功在簡冊予則何敢予則何敢

昔嘉慶二十五年歲在上章執徐孟夏之月上澣穀旦雙匏氏吳大本識